Conversations sur l'homo (phobie)

L'éducation comme rempart contre l'exclusion

Collection *Sexualité humaine*
dirigée par Charlyne Vasseur Fauconnet

> **Sexualité humaine** offre un tremplin pour une réflexion sur le désir, le plaisir, l'identité, les rôles féminin et masculin. Elle s'inscrit dans un mouvement socio-culturel, dans le temps et dans l'espace.
> La sexualité ne peut être détachée de sa fonction symbolique. L'erreur fondamentale serait de la limiter à un acte et d'oublier que l'essentiel est dans une relation, une communication avec l'autre, cet autre fût-il soi-même.
> Cette collection a pour objet de laisser la parole des auteurs s'exprimer dans un espace d'interactions transdisciplinaires. Elle relie la philosophie, la médecine, la psychologie, la psychanalyse avec des ramifications multiples qui vont de la pédagogie à la linguistique, de la sociologie à l'anthropologie, etc.

Dernière parutions

Sexualité et internet, Pascal LELEU.
La sexualité féminine en Afrique, Sami TCHAK
Le naître humain, Claude-Émile TOURNE.
Homme dominant Homme dominé, Mohamed EL BACHARI.
Cure en adolescence, Philippe GUTON
Sexe et guérison, André DURANDEAU, Charlyne VASSEUR FAUCONNET, Jean-Marie SZTALRYD
Une maieutique du sujet pensant, Approche clinique, Renée-Laetitia RICHAUD.
Avortement : l'impossible avenir, J-J. GHÉDIGHIAN-COURIER
Le sens de l'altérité. Penser les (homo)sexualités, Rommel MENDÈS-LEITE.
Chroniques socio-anthropologiques au temps du sida, Rommel MENDES-LEITE, Bruno PROTH, Pierre-Olivier BUSSCHER.
Circoncision masculine, circoncision féminine, SAMI A. ALDEEB ABU-SAHLIEH.
Des maternités impAnsables, l'accompagnement de l'abandon et des parentalités blessées, Sylvie BABIN

PHILIPPE CLAUZARD

Conversations sur l'homo (phobie)

L'éducation comme rempart contre l'exclusion

Préface de Louis-Georges TIN

L'Harmattan	L'Harmattan Hongrie	L'Harmattan Italia
5-7, rue de l'École-Polytechnique	Hargita u. 3	Via Bava, 37
75005 Paris	1026 Budapest	10214 Torino
France	HONGRIE	ITALIE

© L'Harmattan, 2002
ISBN : 2-7475-2671-2

« *Les professeurs qui, pendant des siècles, ont enseigné aux enfants combien l'homosexualité était intolérable et qui ont purgé les manuels de littérature, falsifié l'histoire afin d'en exclure ce type de sexualité, ont causé plus de ravages que le professeur qui parle d'homosexualité et ne peut faire d'autre mal qu'expliquer une réalité donnée, une expérience vécue.* »

Michel Foucault.

« *Au commencement, il y a l'injure. Celle que tout gay peut entendre à un moment ou un autre de sa vie, et qui est le signe de sa vulnérabilité psychologique et sociale.* »

Didier Eribon.

Pour Marcel.

À Xavier, Philippe et Suzanne.

Avec mes remerciements à Louis-Georges et à tous ceux qui ont contribué, d'une manière ou d'une autre, au développement de ma pensée, de mon engagement, de mon action et m'ont aidé à cheminer...

PREFACE

Voici un livre pour que les enfants d'aujourd'hui ne soient pas les homophobes de demain.

Jusqu'ici, dans ce domaine, les initiatives diverses avaient en général pour but de corriger, ou du moins, de limiter les injustices les plus flagrantes, abus, violences ou discriminations de toutes sortes. Le PACS lui-même répondait à cette logique : le mariage n'étant pas accessible aux couples homosexuels, il s'agissait de proposer une alternative. Les revendications liées à l'adoption homo-parentale ou à la pénalisation des injures homophobes vont dans le même sens. De ce fait, les actions menées trouvent leur point d'application dans les défaillances de la société, dans les défections du droit, ou de son application : elles se proposent d'y remédier.

Le présent ouvrage tente d'explorer une autre direction, en agissant pour ainsi dire *en amont*. S'il est urgent de répondre aux besoins présents, aux injustices quotidiennes, aux inégalités manifestes, il est plus important encore de *prévenir* les actes, discours ou pratiques qui sont l'effet plutôt que la cause de l'homophobie ambiante. Les mesures proposées sont donc nécessaires, mais non pas suffisantes. Il faudrait mettre en œuvre une véritable prophylaxie sociale de sorte que les préjugés homophobes cessent d'être la règle. Folle ambition, dira-t-on. Peut-être. Peut-être pas. Le moyen ici choisi pour prévenir l'homophobie, c'est l'éducation. Non sans raison : l'éducation est la continuation de la politique par d'autres moyens. Pour un nouveau contrat social, il faut bien un nouvel Émile. C'est donc par là qu'il faut agir : d'où l'idée de ce livre. Ces conversations suivies entre un père et sa fille proposent ainsi un exemple de mise en œuvre dont chacun pourra tirer profit.

Bien souvent les parents ou futurs parents sont disposés a priori à discuter avec leurs enfants de ces questions sensibles : la violence, l'exclusion, la sexualité, etc. Mais en général, ils s'interrogent sur la bonne façon, et surtout sur le bon moment pour aborder ces sujets. Selon une idée commune, le mieux serait d'attendre que l'enfant pose de lui-même les questions nécessaires. Evidemment, cette opinion permet d'esquiver habilement le problème et de renvoyer en quelque sorte la balle dans l'autre camp : elle décharge les parents de leur encombrante responsabilité, et laisse aux enfants la courageuse initiative du dialogue. Malheureusement, elle comporte aussi quelques inconvénients : elle risque de laisser les enfants complètement démunis lorsqu'ils seront confrontés à la réalité. Dans le meilleur des cas, ils viendront chercher dans la parole des adultes un éventuel remède à leurs angoisses ou à leurs traumatismes ; plus vraisemblablement, ils enfouiront dans leur mémoire les images ou les idées les plus sombres... Ce n'est peut-être pas la bonne solution.

Encore une fois, prévenir, plutôt que guérir. Sur ces questions de sexe et de genre, les apprentissages sociaux se font très tôt. Dès la plus tendre enfance vient l'intuition confuse que les garçons doivent l'emporter sur les filles : ceux qui n'y parviennent pas ne sont que des pédés. Les cours de récréation sont l'ordinaire laboratoire où s'élaborent ces hypothèses sexistes et homophobes, dont l'étroite connexion n'est que trop évidente, comme le remarque Philippe Clauzard à juste titre. S'il faut attendre l'âge adulte pour expliquer enfin que ces idées reçues, accréditées, enracinées sont de coupables préjugés, il est à craindre que les raisonnements les plus rigoureux ne puissent les extirper. Si la petite fille peut entendre dans la cour des insultes comme « pédé », si l'on dit au petit garçon : « arrête de pleurer comme une petite fille », n'en doutez plus, il est grand temps de leur parler.

Mais comment ? Précisément, le présent ouvrage propose quelques pistes pour répondre à cette question. À dire vrai, quelques initiatives ponctuelles en ce sens avaient déjà vu le jour. Même, en 1999, le ministère de l'éducation nationale avait lancé une « mallette pédagogique » comprenant toute une série de fiches d'éducation sexuelle, dont une sur « le sexisme ou le machisme », et une autre sur « homosexualité et homophobie », documents hélas peu diffusés. Par conséquent, ce livre pionnier ne prétend pas être le premier à défricher cette voie de l'éducation comme rempart contre l'homophobie. En revanche, il est sans doute le premier à serrer de si près la difficile question de la mise en œuvre du dialogue. C'est une chose d'avoir de bonnes idées, les mettre en pratique en est une autre.

En l'occurrence, Philippe Clauzard prend le risque de la mise en œuvre, et propose de façon exemplaire ces quelques *Conversations sur l'homo (phobie)*. On le voit, le projet est à la fois modéré et radical. Modéré, puisque loin de toute révolution politique ou législative, il ne s'agit ici que d'un simple dialogue entre un père et sa fille ; radical puisqu'il s'agit d'éradiquer au sens propre les préjugés homophobes avant qu'ils ne s'enracinent, pour filer la métaphore, dans l'esprit de l'enfant. Pour autant, ce dialogue familial n'est pas repli sur la sphère privée, renoncement aux vastes ambitions publiques des luttes contre l'exclusion. Au contraire. L'auteur propose d'engager ce dialogue dans toutes les familles et toutes les écoles de la nation où il se trouvera des hommes et des femmes de bonne volonté, soucieux d'enseigner la justice et le respect aux citoyens de demain. En somme, loin d'être une alternative à la politique, l'éducation en est à l'évidence le corrélat, le pendant, et pour tout dire, le nécessaire préambule.

Pour qui le lit, le corps de ce livre se présente sous la forme d'un heureux contrepoint entre récit et dialogue. Le récit raconte, le dialogue explique, et tous deux se croisent et s'interrompent mutuellement au fil du texte. Quoique le récit ne soit pas directement lié au dialogue, il est cependant clair que celui-ci constitue une sorte de commentaire de celui-là, et cette agréable alternance permet de combiner les avantages des deux styles : un traité didactique eût semblé trop austère ;

une simple nouvelle, peut-être trop légère. Mais le mélange des genres permet ici de joindre l'utile à l'agréable.

Cependant, l'auteur n'escamote pas les difficultés, et il y en a. Par exemple : un garçon avec deux papas ne va-t-il pas être la cible des insultes et quolibets de tout son entourage ? Toutefois, Philippe Clauzard ne donne pas dans le manichéisme, témoin l'institutrice qui, rétive au début, finit par relever le défi de l'intégration et du civisme. Ainsi, serait-il dangereux de nier que l'homo-parentalité risque de poser des problèmes, mais plus dangereux encore d'affirmer que ces problèmes sont insurmontables. Ce serait en effet une étrange justice : pour résoudre la discrimination que pourraient subir les enfants d'homosexuels, on voudrait l'exercer à l'encontre des homosexuels qui veulent être parents. Combattre la discrimination par la discrimination. À ce compte, il faudrait aussi déconseiller tout projet parental aux Noirs, aux Juifs, aux Arabes, aux pauvres, aux banlieusards, aux provinciaux, etc., lesquels risquent de mettre au monde de futures victimes.

Par ailleurs, l'ouvrage fait le point sur des notions difficiles, et cependant capitales, notamment l'hétérosexisme, dont le lien manifeste avec le sexisme et l'homophobie est clairement formulé. Cependant, la rigueur nécessaire de l'analyse n'est jamais aride, car elle est tempérée par les scènes du récit, souvent émouvantes ou drôles (que l'on songe seulement à cette impayable madame Druche !).

Mais au-delà du récit et du dialogue, qui sont déjà, dans le cadre familial, des exemples pour lutter contre l'homophobie, cet ouvrage comporte en annexe des documents extrêmement précieux, qui sont autant de pistes de travail pour œuvrer dans le cadre scolaire. Il s'agit de suggestions, recommandations, leçons, activités, exercices, etc., susceptibles d'être mis en pratique dans une classe. Puisque la lutte contre l'homophobie est aujourd'hui reconnue comme l'une des missions de l'institution scolaire, ces propositions avisées tentent de subvenir à la faiblesse des moyens mis à disposition par le ministère. De la sorte, les apports scientifiques des études gaies et lesbiennes et les résolutions civiques de l'éducation nationale trouveront leur possible application pédagogique dans les écoles, et même, dans les familles. Dans ce combat contre l'homophobie, c'est là, sans doute, que se joueront les dernières batailles, les plus modestes, les plus grandes aussi. Peut-être en verrons-nous bientôt le résultat.

Louis-Georges TIN[1]

---

[1] Ancien élève de l'Ecole normale supérieure, agrégé de lettres. Organisateur du colloque de l'Ecole normale supérieure, *Homosexualités : expression/répression*, publié aux éditions Stock, Paris, 2000. Dirige en ce moment un *Dictionnaire de l'homophobie*, à paraître aux éditions Stock en 2002.

AVANT-PROPOS

Les pratiques homosexuelles quittèrent, dans les pays occidentaux, au cours de la seconde moitié du XX ème siècle les rives de la déviance pour se retrouver sur les terrains des comportements qualifiés de « différents ». L'homosexuel devient comme le Noir, le Juif, le chômeur, le gros, l'Arabe, l'handicapé ou le gitan un autre différent ; un étranger avec lequel toute identification est inconcevable. Un autre dont la différence, si elle est tolérée, surprend, intrigue, inquiète. La personne homosexuelle apparaît désormais comme l'autre, le passeur qui « transgresse » l'ordre social. Elle semble excentrique, provocatrice, agitatrice. Elle est enfermée dans le rôle du marginal, à la périphérie sociale. Elle est aussi, dans un mouvement inverse, intégrée à la réalité comme élément exotique.

Le discours de l'homophobie désigne cet autre comme un contraire, un être inférieur ou anormal. Il est refus de la différence homosexuelle. Cette manifestation arbitraire est voisine du racisme, de la xénophobie ou de l'antisémitisme. Le ressort de cette exclusion de l'univers commun des femmes et des hommes est identique aux autres formes d'intolérance qui peuvent aboutir à des actes de violence localisés ou généralisés. Le frein inconscient à la reconnaissance des gays et des lesbiennes, l'hostilité à l'égard des homosexuel-le-s résident souvent dans cette peur de l'autre en soi[1]. La crainte de trahir son corps d'origine, l'inquiétude d'affaiblir le masculin et la virilité, l'appréhension de contredire l'ancestrale domination masculine attisent l'ardeur homophobe. La contestation du pouvoir masculin et des rôles sociaux par les lesbiennes crée la lesbophobie[2]. Les termes « homophobie » et « homophobe » sont apparus pour la première fois dans le Petit Larousse en 1998. Pour le Petit Larousse Illustré de l'an deux mille, l'homophobie est un rejet de l'homosexualité, une hostilité systématique à l'égard des homosexuels. L'homophobe est celui qui est hostile à l'homosexualité, aux homosexuels.

La forte hostilité, à l'égard des gays et des lesbiennes, prononcée lors des discussions parlementaires sur le PACS provoqua un changement épistémologique essentiel. Il se produisit un déplacement de l'objet d'analyse. La problématique n'était plus portée sur la nature et la genèse du comportement homosexuel, mais sur les raisons qui amènent à considérer cette forme de sexualité comme déviante. La question homosexuelle laisse place à la question homophobe. Nous n'avons plus à comprendre pourquoi et comment un individu est homosexuel, mais pourquoi chez certains l'homophobie est si prégnante, ce que peut craindre l'hétérosexualité d'une nouvelle banalisation institutionnelle, d'un nouveau paradigme dans la hiérarchisation des sexualités. Une rupture politique s'opère aussi. Cette nouvelle approche signifie que les hommes ou les femmes homosexuelles n'ont plus à porter les stigmates du mépris ou de la dévalorisation. L'homosexualité doit être considérée comme une forme de sexualité aussi légitime, reconnue et respectable que l'hétérosexualité avec un cortège de lois ad-hoc, d'injures interdites et condamnées, de reconnaissance dans tous les aspects de la vie sociale : culture, éducation, métiers, études... Ce n'est

---

[1] Daniel WELZER-LANG a analysé dans l'ouvrage collectif « *La peur de l'autre en soi, du sexisme à l'homophobie* » la sourde peur d'un autre indésiré qui s'immiscerait en soi. Il explique l'appréhension de cette femme qui sommeille en chaque homme, de cet homme qui dort en chaque femme, voire de l'homosexuel/le tapi/e en chacun. Il décrit comment la construction même du masculin structure l'homophobie. *La peur de l'autre en soi, Du sexisme à l'homophobie*, sous la direction de Daniel Welzer-Lang, VLB Editeur, 1994.
[2] Le terme « lesbophobie » est un dérivé d'homophobie. Il désigne une forme de racisme anti-homosexuel concernant les femmes lesbiennes.

plus la question homosexuelle, somme toute banale, mais bien la question homophobe et hétérosexiste qui mérite dorénavant une problématisation particulière.

Lors des controverses autour du PACS se sont substituées à une homosexualité illégitime, la compassion et la miséricorde de certains. Nul n'avoue plus rejeter les homosexuel-le-s. On ne peut donc plus taxer d'homophobe un adversaire, ni dire l'homosexualité d'une personnalité (l'outing). Un « politiquement correct » s'est installé pour mieux organiser une homophobie s'avançant à visage couvert de théories, d'études et réflexions aux fondements bien discutables quant aux axiomes de départ choisis. Pour une certaine partie de la population française, il n'est plus de mise de se voir accuser de rejet des homosexuels et de l'homosexualité. Il surgit cependant dans les discours l'idée d'une inégalité des sexualités. Ce que l'on dénomme l'hétérosexisme. Nul ne croit réellement en l'égalité des sexualités lorsqu'il s'agit de considérer les questions de mariage et de filiation. La problématique de l'homoparentalité sert de révélateur. Le passage de la tolérance au regard de la vie privée à une reconnaissance inconditionnelle des libertés privées de manière institutionnelle et sociale n'est pas un long fleuve tranquille.

Le sociologue Eric FASSIN distingue sur un axe psychologie/idéologie l'homophobie et l'hétérosexisme. Il y a aimer (ou pas) les homosexuels (au même titre que la misogynie est détester ou mépriser les femmes), et de l'autre, admettre (ou pas) l'égalité entre les sexualités (tout comme le sexisme qui est inégalité entre les sexes, dévalorisation du sexe féminin, discrimination à l'encontre des femmes). Eric FASSIN écrit[3] : « L'usage actuel hésite entre deux définitions fort différentes. La première entend la phobie dans l'homophobie : il s'agit du rejet des homosexuels, et de l'homosexualité. Nous sommes dans le registre, individuel, d'une psychologie. La seconde voit dans l'homophobie un hétérosexisme : il s'agit cette fois de l'inégalité des sexualités. La hiérarchie entre hétérosexualité et homosexualité renvoie donc plutôt au registre, collectif, de l'idéologie. » A juste titre, ce sociologue met en

---

[3] *L'homophobie, comment la définir, comment la combattre*, sous la direction de Daniel Borrillo et Pierre Lascoumes. Editions PROCHOIX., 1999.

perspective les problématiques de misogynie et sexisme afin de mieux saisir le contraste. La première est rejet comme le rejet des homosexuels. Elle s'inscrit dans l'ordre du psychologique : c'est une phobie. Et l'injure (salope ou pédé) appartient au même registre de mépris, dénigrement, annulation de cet autre. La seconde est de type idéologique à l'instar de l'hétérosexisme qui exprime l'inégalité des sexualités. Cette hiérarchisation des sexualités s'exprime de manière subtile dans les conversations et les ouvrages. On peut parler d'une homophobie de salon ou d'amphithéâtre. Daniel BORILLO[4] relève une disproportion langagière à la lecture du dictionnaire des synonymes de « hétérosexualité » et « homosexualité » au bénéfice du dernier terme. Il l'analyse comme « une opération idéologique consistant à désigner surabondamment ce qui apparaît comme problématique et à renvoyer à l'implicite ce qui se prétend évident et naturel. »

L'homophobie revêt plusieurs formes qui vont de la blague qui ridiculise l'autre qui est différent jusqu'à la volonté d'extermination de cet autre homosexuel sous le régime nazi. L'homophobe constate une différence, l'interprète, isole la personne différente et se défend de ce processus. Plus subtilement, l'homosexualité est, de nos jours, enfermée par une homophobie rampante dans des enclos de tolérance, une place marginale et silencieuse. Acceptée dans la sphère intime de la vie privée, elle deviendra rapidement insupportable si elle « sort du placard ». Certains se crisperont vite à l'idée qu'elle franchit le seuil du jardin intime pour revendiquer publiquement une égalité de traitement avec l'hétérosexualité. Acceptation familiale d'un enfant homosexuel, homoparentalité et droits afférents, éducation contre l'homophobie soulèvent nombre de polémiques avec la sourde inquiétude d'une perte de la suprématie hétérosexuelle. Daniel BORILLO[5] explique que « l'éducation relative à la lutte contre l'homophobie consisterait en définitive à sensibiliser la population hétérosexuelle de façon à ce que celle-ci ne considère plus sa sexualité comme incontestable, ni son comportement nécessairement partagé par tous, c'est-à-dire que cette éducation aurait pour objet de montrer que d'autres formes de sexualité peuvent coexister avec la leur, sans pour autant lui

---

[4] Daniel Borillo, *L'homophobie*, Collection Que-sais-je, PUF, Paris, 2000.
[5] Daniel Borillo, id.

nuire ou constituer une provocation de la part des homosexuels ». Il ajoute : « L'école a un rôle capital à jouer dans la lutte contre l'intolérance. Elle doit faire comprendre que l'égalité des gays et des lesbiennes est l'affaire de tous. Dans les cours et les manuels, l'homosexualité et la bisexualité devraient être présentées comme des manifestations de la sexualité aussi légitimes et épanouissantes que l'hétérosexualité. Enfin, l'homosexualité des personnages historiques, littéraires ou scientifiques pourrait être évoquée tout aussi naturellement que le mariage de telle reine ou les aventures amoureuses de tel révolutionnaire. »

Le rapprochement des termes éducation et homosexualité peut déranger, sembler impertinent tant se profile le possible grief d'un supposé prosélytisme. Il paraît encore inconvenant d'opérer une telle liaison, à une époque où les médias[5] − télévision, cinéma, presse − s'emparent pourtant très largement du sujet de l'homosexualité, à la faveur des discussions parlementaires autour du PACS (PActe Civil de Solidarité), des débats sur les familles homoparentales et des gay-prides qui rassemblent annuellement toujours plus de personnes sur le pavé parisien et provincial pour revendiquer, entre autres, une loi condamnant les propos homophobes. Les enfants et les adolescents en sont naturellement les témoins. Ils s'interrogent sur l'homosexualité et les hommes et femmes homosexuels. Et bien plus encore, ceux dont l'orientation sexuelle les questionne − qui peuvent, certes, s'adresser à la Ligne Azur (0 810 20 30 40) − un espace de parole pour les jeunes confrontés à des difficultés par rapport à leur sexualité, leurs désirs, leur identité − mais pour lesquels le manque de parole écrite est une grave lacune. Des parents et des éducateurs recherchent aussi des réponses pertinentes. C'est ainsi

---

[6] Une première à la télévision française en septembre 2001: Pour la première fois, un élu homosexuel est apparu à la télévision française avec son compagnon. Nous avions déjà eu le coming-out télévisuel de Bertrand Delanoë et de son confrère sénateur André Labarrère, c'est au tour de Jean-Luc Romero, conseiller régional d'Ile-de-France, membre du bureau politique du RPR et président de l'association Élus locaux contre le Sida (ELCS), de faire parler de lui. Il entend ainsi « faire la preuve d'une salutaire banalisation du couple homosexuel, uni par les mêmes liens d'amour qu'un couple hétérosexuel, rencontrant comme lui des obstacles, désireux comme lui d'être vécu au grand jour ». Source: tetu.com.

que l'homosexualité et la bisexualité doivent apparaître dans les enseignements et les manuels scolaires, devenir sujet de conversation dans les familles et objet de recherche dans les universités.

Les questions de l'homophobie à l'école, et des articulations entre l'homosexualité et l'éducation m'interpellèrent lorsque je fus confronté en classe de CE2 à un racisme flagrant qui opposait les élèves, issus de pays différents, entre eux, et certains contre moi-même : le blanc occidental. Et homosexuel. Ce qu'ils ne savaient pas mais qui aurait pu se rajouter au « rejet ». Je fus amené plus d'une fois à expliquer, enseigner, rabâcher les notions les plus élémentaires de respect des autres, de tolérance, de richesses des différences quelles que soient les origines, la couleur de la peau ou la religion des personnes. Or nul mot sur la discrimination, la marginalisation, la stigmatisation des homosexuel-le-s... Aucune recommandation de respect et reconnaissance des gays et des lesbiennes dans les circulaires ministérielles ou les manuels scolaires. C'était, à mes yeux, un silence murmurant d'injustice et d'inégalité complète de traitement. Un matin, pouvais-je demeurer silencieux devant la remarque de cette élève de neuf ans au détour d'un cours d'Education civique : « les femmes ont les mêmes droits que les hommes, sauf celui de faire l'amour entre elles » ? Mon ami, professeur de Lettres au collège, aborda cette problématique lors d'un cours sur le Père Goriot de Balzac où il expliquait le personnage de Vautrin, le célèbre brigand de la Comédie Humaine, moins connu pour son homosexualité néanmoins discrètement esquissée par son auteur. Il lui apparut que ce personnage n'avait rien d'un modèle positif d'identification pour le jeune éventuellement affectivement concerné. Il n'était guère recommandable non plus pour provoquer plus d'ouverture envers les homosexuels chez les jeunes, tant ce personnage est antipathique. Un personnage trouble, inquiétant et sans morale présentant une homosexualité « noire ». Un personnage vraisemblablement assez sombre, pour taire son orientation sexuelle afin de ne point risquer qu'elle « tourne » les têtes des adolescents. Mais ce serait une escroquerie intellectuelle si on n'expliquait pas que l'homosexualité est plurielle, qu'il existe des homosexualités et des homosexuels autrement plus fréquentables que ce voyou de Vautrin. Qu'il faut se méfier des caricatures, des raccourcis ou des préjugés. Mais avec quels supports, quelles méthodes pédagogiques s'interrogera le professeur lambda, qui n'osera pas forcément en parler à son collègue direct par crainte d'être identifié comme homosexuel, ou « politiquement incorrect »? Un jeune collègue qui fit une leçon d'éducation sexuelle dans une classe de CE2-CM1 m'expliqua la crainte qu'il eut de laisser une trace écrite d'une partie de ses propos concernant l'homosexualité. Il préféra se contenter simplement de l'évoquer dans un échange oral avec les enfants. Ceci l'amena à se rendre compte que nul élève ne connaissait le mot hétérosexuel. En revanche, ils avaient entendu le terme « homosexualité ». Leurs représentations étaient variables, parcellaires ou influencées par les propos familiaux, assez prégnants, pour qu'un jeune prof taise cette réalité à l'écrit, afin de se protéger du regard croisé des parents, des collègues, et des supérieurs hiérarchiques. Parce que l'homosexualité marginalise et provoque toujours de vagues craintes...

Les questions d'amour sont ignorées par l'institution scolaire qui préfère, la plupart du temps, se cantonner aux seuls sujets de reproduction et de prévention. L'éducation sexuelle fut longtemps synonyme de danger entre les risques liés aux MST et au SIDA, et les grossesses précoces non désirées. Fondée sur la simple transmission de connaissances à propos de la reproduction, l'école ne présente pas le premier message institutionnel sur la sexualité comme un appel à la vie, au bonheur et au plaisir d'aimer. Chantal Picod, animatrice de la première université d'été « Education sexuelle et prévention du SIDA » à Lyon en juillet 1994 définissait un rôle pour l'école consistant à « donner aux jeunes l'occasion de ressaisir et de s'approprier dans un contexte plus large que celui de la famille, les données essentielles de leur développement sexuel et affectif »[7]. La prévention du SIDA a trop longtemps été prétexte à une approche de la sexualité dans les classes. Une circulaire de novembre 1998, reprenant quelques éléments d'une circulaire du ministre précédent, intitulée « Education à la sexualité et prévention du SIDA » distingue les enseignements dispensés par les professeurs de Sciences de la Vie et de la Terre et de Vie Sociale et Professionnelle

---

[7] Chantal Picod, *Sexualité· leur en parler, c'est prévenir*, Toulouse: Erès, 1994.

(ex Education Familiale et Sociale), et les actions hors cadre disciplinaire de « séquences d'éducation à la sexualité ». Ces séquences sont une innovation intéressante en termes pédagogiques. On peut cependant s'interroger sur la pérennité et la généralisation sur le territoire de ce dispositif fondé sur le volontariat et un volume horaire trop réduit pour développer une écoute et un dialogue réflexif sur toutes les dimensions de la sexualité. Du reste, les moyens et les formations sont absents des déclarations. La toute récente loi adoptée le 30 mai 2001 sur l'IVG et la contraception bouleversera néanmoins le cadre des deux heures « au minimum » par année. Un article stipule qu' « une information et une éducation à la sexualité sont dispensées dans les écoles, les collèges et les lycées, à raison d'au moins trois séances annuelles et par groupes d'âge homogène ». Les élèves auront-ils, dès lors, droit à une quarantaine d'heures d'éducation à la sexualité tout au long de leur scolarité, de la maternelle au lycée ? Cela ne saurait être de trop tant le développement de la personnalité passe nécessairement par un questionnement sur son identité sexuelle, son rapport au corps et au plaisir, ses désirs amoureux, son orientation sexuelle, son genre (masculin/féminin), sa relation à l'autre. Toutes choses qui n'appartiennent pas aux cursus scolaires.

Je pense que l'homosexualité reste le sujet tabou par excellence dans les établissements scolaires. Vraisemblablement à l'heure actuelle le dernier tabou comme le mentionnait - sous forme interrogative - un débat entre enseignants de divers horizons, organisé par l'Amicale Aglaé[8] à Paris, lors de l'Eurosalon de l'Homosocialité en juin 1997. L'articulation « éducation » et « homosexualité » n'a rien d'évident. Sa singularité m'interroge depuis plusieurs années. Peut-on aujourd'hui parler d'homosexualité à l'école ? Et le peut-on sereinement lorsqu'on sait qu' « enculé » et « pédé » y sont les insultes les plus courantes ? Cela sert-il à quelque chose ? Est-ce la méthode la plus pertinente pour bousculer les sentiments homophobes ? Il est vrai que les paroles enseignantes sur le racisme ne font pas tomber pour autant ce fléau. La loi

---

[8] L'amicale AGLAE regroupe depuis 1996 les enseignants gays et lesbiennes désireux d'échanger sur leurs vécus professionnels et personnels, leurs pratiques de classe, et leurs idées quant à des actions éducatives contre l'homophobie. Sur le web: http://amicaleaglae.free.fr

du silence qui demeure la règle peut-elle perdurer ? Ce serait laisser la jeunesse dans l'ignorance et les jeunes homosexuels dans la souffrance. La lecture de Gide, de Proust, de Rimbaud peut atténuer la méconnaissance des adolescents, mais quels jeunes gens vont encore spontanément lire aujourd'hui ces auteurs lorsque beaucoup d'œuvres littéraires ou cinématographiques plus faciles s'offrent à eux ? J'ai la naïveté de croire en la pédagogie, en un défi éducatif. Un défi valable pour les enfants comme pour les familles. Avons-nous le choix ? Le silence auprès des enfants, comme le silence entre collègues, hétéros et homos, et même le silence entre collègues homosexuels est bruissant de malaises : insultes récurrentes dans les cours de récréation, réflexions homophobes en classe, problème de dépréciation du jeune homosexuel, honte de l'enfant dont les parents sont homosexuels, « placardisation » douloureuse d'enseignants gays et lesbiennes...

L'homosexualité est toujours considérée comme un monde sans enfants, les homosexuels comme des personnes qui ne peuvent éduquer, l'homosexualité comme non présentable à nos enfants. Pourquoi ? Sent-elle encore le souffre ? Est-elle transmissible par identification ? Ne peut-elle être que prosélyte ? Va-t-elle altérer la sexualité des futurs adultes ? L'odieux amalgame pédophile fait-il craindre pour la sécurité des enfants ? De nombreux blocages existent devant ce qui n'est qu'une question d'amour. Juste une question d'amour[9]. L'homosexualité des enseignants est aussi source d'interrogation. J'ai souvent eu l'impression d'un décalage, de ne pas être exactement à ma place, la sourde impression d'être un enseignant par effraction. Celui qui doit véhiculer auprès des jeunes les normes et valeurs sociales de notre société comme tout enseignant sans pour autant appartenir à cette communauté « normale ». Chaque professeur enseigne avec ce qu'il est, et la condition de l'éducateur gay et lesbien n'est pas aisée[10].

---

[9] Cette expression fut aussi le titre d'un téléfilm diffusé sur France 2, en prime time, qui évoquait le cheminement amoureux d'un jeune adulte étudiant en BTS avec un jeune chercheur. Une autre première en France!
[10] Un site Internet collectionne les témoignages, réflexions et mémoires sur la situation particulière des enseignants homosexuels: http://amicaleaglae.free.fr

Si Amnesty International lutte désormais aussi pour les droits de tous les homosexuels dans le monde, le ministère de l'Education Nationale traîne des pieds, joue les mauvais élèves. Encourageant fut cependant le premier courrier que la Ministre déléguée à l'Enseignement scolaire m'adressa fin Août 1997, suite à une interpellation lors de la grande manifestation de l'Euro Gay & Lesbian Pride. Ségolène Royal écrivait[11] : « Il m'apparaît utile de vous rappeler qu'il n'y a jamais eu de confusion dans l'esprit du gouvernement entre homosexualité et pédophilie (...) La condamnation de toute discrimination, notamment en raison de l'orientation sexuelle, est un des fondements essentiels de l'Etat de droit. Je veillerai au respect de ce principe au sein de l'Education Nationale. Enfin, il est clair que l'éducation à la sexualité doit participer à l'apprentissage par l'adolescent de la maîtrise de son corps et que l'ensemble des enseignements doit concourir à faire reculer l'intolérance et les discriminations de toutes sortes. » Je pouvais ainsi, quelques mois plus tard, m'autoriser à répondre à une situation de classe, à des enfants en questionnement sur l'homosexualité en abordant le sujet par son aspect lexical. Je demandais aux enfants de rechercher dans le dictionnaire les termes en question. Je mettais alors en avant le côté affectif de la relation amoureuse entre personnes du même sexe, non la dimension sexuelle qui pouvait amener rires et moqueries, et ne point capter l'attention des élèves sur les amours différentes, et le respect qu'elles méritent. J'ajoutais à mon exposé les termes de bisexualité et

---

[11] Ce courrier était une réponse à une lettre que j'avais signée, envoyée par l'association des enseignant,e,s homosexuel,le,s AGLAE. Cette amicale dont j'étais président et fondateur a pour objectifs de développer une nouvelle solidarité professionnelle et d'étudier comment éduquer contre l'homophobie et le sexisme. En octobre 1997, ses revendications étaient les suivantes:
- « le droit à un savoir sans exclusive, incluant toutes les connaissances occultées en littérature, histoire, culture... ayant trait de près ou de loin à l'homosexualité.
- le droit à une éducation à la citoyenneté (éducation civique); intégrant toutes les composantes de la société, y compris homosexuelles; dénonçant les discriminations et stigmatisations subies par certaines populations, y compris homophobes et sexistes.
- le droit à une éducation sexuelle plurielle, intégrant une éducation au corps dès la maternelle; une éducation affective plaçant à niveau égal l'hétérosexualité, l'homosexualité et la bisexualité; une éducation à la santé (prévention MST et sida, contraception...). »

d'hétérosexualité, lesquels sont complètement ignorés des élèves. J'expliquais chacun des mots, préférant évoquer l'aspect de couple, la relation affective plutôt que l'aspect purement sexuel qui peut choquer des élèves de neuf ans dont la pudeur est grande pour évoquer cet aspect de la vie, mais avec lesquels on peut parler d'amour.

Je pense que l'école doit favoriser la découverte et l'adaptation à la vie adulte et citoyenne. Elle élève vers l'autonomie, la responsabilisation, et l'ouverture à autrui. Elle n'est plus un sanctuaire coupé du monde. Comme l'exprimait une maman dans un film documentaire « It's elementary »[12] : il ne s'agit pas d'être POUR ou CONTRE les homosexuel-le-s et l'homosexualité... mais simplement de réfléchir que nos enfants côtoieront inévitablement, une fois adultes, des femmes et des hommes homosexuels. Autant qu'ils apprennent à se connaître et se respecter dès leur jeunesse plutôt que se taper dessus, s'affronter, se fustiger plus tard. On ne peut pas ignorer par ailleurs les interrogations, les demandes d'informations, ou les représentations erronées des jeunes gens (collège et lycée) sur l'amour et la sexualité: leurs inquiétudes devant la première fois, les premières relations sexuelles, les rumeurs sur le sexe, la prévention contre le SIDA, la contraception, le préservatif, les questions sur le désir, l'appropriation du corps, le plaisir, la différence des sexes et naturellement l'orientation sexuelle[13]. En outre, la jeunesse homosexuelle est oubliée des institutions éducati-

---

[12] « It's elementary », film documentaire de Debra Chasnoff et Helen Cohen. Ce film est sous-titré « Parler de l'homosexualité à l'école » - Distribution francophone : Lambda Education, 1999, Genève. Réalisatrice et productrice de nombreux films, Oscar du meilleur film documentaire en 1991 pour « Deadly Deceptions », Dedra Chasnoff est directrice de Women's Educational Media. Elle est mère de deux enfants et vit avec son amie à San Francisco.
[13] A titre expérimental, le Rectorat et l'Inspection Académique de Grenoble, avec l'appui de la MAFPEN, du Planning Familial, et de l'Association de la Promotion de la Santé en faveur des Élèves, ont initié en SEGPA un module de 20 heures ayant pour objectif de travailler avec les élèves, de manière dynamique, sur l'éveil sexuel et ses divers questionnements. Un ouvrage, édité par le CRDP de Grenoble rapporte les représentations des élèves, des réflexions et conseils pédagogiques des formateurs engagés dans cette action. – Adda, Julien, Dreyfus, Hélène, Wolff, Catherine, *Education sexuelle et adolescence. De la réflexion à l'attitude pédagogique*. CRDP de l'Académie de Grenoble, 1998.

ves : aucune protection, aucun soutien, aucun modèle identificatoire et peu de possibilités de se retrouver entre pairs. L'adolescence est pourtant l'âge du choix difficile entre une construction de soi et les tentations de se conformer aux comportements normés de la bande de copains ou copines. Or, rien n'aide l'adolescent à se déculpabiliser, à se reconnaître tel qu'il est sans se déprécier, à sortir de son isolement avec le secours de ses pairs homos ou hétéros... De même, la question du suicide des jeunes homosexuels ou identifiés comme tels, est occultée. Michel DORAIS, professeur et chercheur à l'Université Laval à Québec, souligne que « malgré des recherches de plus en plus nombreuses et concluantes, il y a encore réticence à reconnaître les liens qui existent entre la stigmatisation sociale de l'homosexualité et le nombre élevé de suicides ou de tentatives de suicide chez les adolescents et jeunes hommes homosexuels ou identifiés comme tels. C'est qu'il y a un double tabou : celui de l'homosexualité, dont on ne traite jamais en présence des jeunes, si ce n'est de façon négative, et celui du suicide chez les adolescents et les jeunes adultes. »[14]

L'école, lieu de formation de la personnalité et de socialisation des jeunes n'inclut dans ses programmes ni « la diversité des genres (masculin/féminin) et des attirances (hétéro/homo/bi sexuelles) », ni un apprentissage de leur respect. Elle prône la diversité du monde, la tolérance, le respect des minorités et des différences. Mais la différence homosexuelle est superbement ignorée. Le silence est complet. Parler de

---

[14] Dorais, Michel, « *Mort ou Fif* » (la face cachée du suicide des garçons), VLB Editeur, 2001.
Cet ouvrage est issu d'une recherche universitaire menée au Québec sur le suicide des jeunes homosexuels. Son auteur souligne que « lieu pivot de socialisation, l'école devrait être un endroit privilégié d'apprentissage du respect de soi et des autres. Or, pour les garçons homosexuels ou féminins qui s'y retrouvent marginalisés, mais aussi pour les jeunes qui y donnent sans réserve libre cours à leur homophobie, c'est trop souvent l'inverse qui se passe. Par ce qui y est dit – ou pas dit – sur la sexualité en général et sur l'homosexualité en particulier, l'école participe trop souvent au maintien de l'ignorance sur laquelle reposent désespoir et angoisse, d'une part, tabous et préjugés, d'autre part. Par son inaction, trop souvent, devant des propos et des conduites sexistes ou homophobes chez des élèves ou des membres de son personnel, elle contribue au malaise, voire à l'exclusion des jeunes homosexuels ou identifiés comme tels. »

l'homosexualité et de l'homophobie à l'école, c'est permettre à tous les élèves, de la maternelle au lycée, de développer (quinze ans durant), selon les moyens et les aptitudes propres à chaque âge, le respect de l'homosexualité, des gays et des lesbiennes, et plus particulièrement le respect des jeunes homosexuels ou en voie de s'identifier comme tels. C'est favoriser une solidarité avec ceux-ci, et travailler un « sujet » qui est vraisemblablement très sensible pour certains élèves dont les parents sont homosexuels. Taire l'homosexualité à l'école, mais aussi dans les familles, c'est implicitement dire son état d'infériorité, sa marginalisation, son illégitimité. C'est la renvoyer à une discrimination agissante. C'est dire que la question n'est pas digne d'être abordée. C'est laisser s'exprimer un langage insultant, des dispositions langagières qui offensent. C'est admettre une certaine honte qui la frappe, et ainsi donner pleinement raison à ses ennemis.

En démystifiant les croyances et préjugés à tous les niveaux éducatifs, en ne taisant plus l'homosexualité dans les manuels scolaires, dans les enseignements et au sein des structures parascolaires, nous agissons pour le développement harmonieux des générations futures. René-Paul Leraton, coordinateur de La Ligne Azur, l'écrit : « c'est à l'école en grande partie que se crée le savoir, que se défont les préjugés, bref que circule l'information susceptible de donner, enfin, un visage positif et humain à l'homosexualité. »[15] Les manuels scolaires véhiculent la norme sociale de l'heure, la norme hétérosexuelle en l'occurence. Ils ne font pas référence à l'homo ou bisexualité avérée des personnages politiques (Alexandre le Grand, Cambacérès, Lyautey...), des écrivains (Rimbaud, Verlaine, Proust, Genet, Gide, Yourcenar,...) ou des musiciens comme Tchaïkovski. En histoire, la déportation des homosexuels sous le régime nazi est passée sous silence. Les mœurs libérales de la Renaissance italienne, l'influence homoérotique dans les œuvres de Michel-Ange et Léonard de Vinci sont occultées des cours. Nul mot non plus pour rétablir les réalités des pratiques homosexuelles à l'époque de la Grèce antique en comparaison avec l'homosexualité contemporaine. Nulle réflexion n'est menée en philosophie sur les notions d'identité sexuée et de genre,

---

[15] In postface de René-Paul Leraton, dans « *Mort ou fif* » de Michel Dorais, VLB Editeur, 2001 (page 111)

d'orientation sexuelle, de pratique sexuelle... Aucune étude de textes en anglais, allemand ou espagnol abordant les mouvements gays et lesbiens de ces pays. Pourtant, quelques lycéens prennent pour thème de leurs nouveaux Travaux Personnels Encadrés des sujets relatifs aux homosexuels.

À l'automne 2000, une circulaire ministérielle parue au Bulletin Officiel de l'Education Nationale indiquait aux enseignants comment réagir lorsqu'un élève traite un autre élève de « pédé ». Une fiche d'information sur l'homophobie et l'homosexualité et une mallette pédagogique d'éducation à la sexualité furent distribuées à tous les élèves des collèges et lycées afin que s'amorce dans les familles une discussion sur le sexisme, l'homophobie, la prévention du SIDA, les relations sexuelles, la contraception, la parentalité. En janvier 2000, Madame Royal ouvrait une nouvelle voie : « L'éducation sexuelle doit devenir une éducation à la sexualité et à la vie, fondée sur l'estime et l'écoute de l'autre, permettant de lutter contre les contraintes et le machisme, et apprenant le rejet de l'homophobie. »[16] Dans le cadre du processus de modernisation du dispositif d'éducation sexuelle, la ministre déléguée à l'Enseignement Scolaire rappelait que le « refus de l'homophobie » est une de ses priorités. Le ministre de l'Education Nationale, Jack Lang, précisait à nouveau dix-huit mois plus tard, à la veille de la Journée mondiale du SIDA du 1er décembre 2001, que : « la prévention tout comme la lutte contre les exclusions et les discriminations, souvent liées à l'intolérance qui chaque jour dans la société, et parfois dans nos établissements, prend le visage ignoble des injures sexistes, de l'homophobie, du machisme, des rapports de force, voire des violences sexuelles, constituent les axes forts des actions qui doivent être menées dans les établissements scolaires. Ces axes s'inscrivent dans le droit fil du thème de la campagne mondiale de lutte contre le SIDA du 1er décembre 2001 « Les hommes et le SIDA : une approche qui tient compte du rôle des hommes et des femmes ». L'éducation à la sexualité, que j'ai l'intention de généraliser pour tous les élèves, offre un cadre pédagogique approprié. Entendue comme une éducation à la responsabilité, à la vie affective, mais aussi au respect de l'autre, à l'égalité entre garçons et filles et à l'acceptation des différences, l'éducation

---

[16] Propos en date du 12 janvier 2000, rapporté par le bimensuel IDOL.

à la sexualité a désormais pleinement sa place à l'école. Elle doit aujourd'hui intégrer les questions liées à la mixité, à la lutte contre le sexisme, l'homophobie et permettre de mieux prendre en compte les attentes des jeunes, avec leurs différences et leurs préoccupations spécifiques. »[17]

Ce texte, paru au Bulletin Officiel de l'Education Nationale n°44, le 29 novembre 2001, fut adressé aux rectrices et recteurs d'Académie, aux inspectrices et inspecteurs d'Académie et aux chefs d'établissements. Reste à savoir s'il a fait l'objet de discussions dans les équipes éducatives et de projets d'actions de formation à engager dans les Instituts Universitaires de Formation des Maîtres. La formation continuée et initiale des maîtres semble la meilleure manière de sensibiliser les enseignants à la problématique de l'homophobie à l'école et leur permettre, in fine, de développer des modes d'interventions et des procédures pédagogiques ad hoc.

Ainsi, le monde éducatif entre timidement dans cette question. Le présent ouvrage s'adresse aux éducateurs de tous horizons, qu'ils remplissent une fonction parentale ou une fonction enseignante. Il souhaite bousculer les préjugés, la frilosité, et un tabou dépassé. Il n'est pas un « kit » éducatif, ni un manuel exhaustif, mais une simple conversation fictive entre le narrateur et sa fille, ponctuée de quelques saynètes illustratives. Mon intention est l'ouverture d'espaces de dialogue autour de l'association de ces deux termes « homosexualité » et « éducation ». Il s'agit d'une évocation d'un sujet nouveau dans le champ social et éducatif. Il manque vraisemblablement des éléments à l'argumentation du père qu'une bibliographie vous permettra de retrouver le cas échéant. Un petit éventail de conseils et suggestions éducatifs

---

[17] Circulaire n°2001-245 du 21-11-2001, parue au Bulletin Officiel du Ministère de l'Education Nationale et de la Recherche n°44 du 29 novembre 2001: « Enseignements élémentaire et secondaire. Prévention. Journée mondiale de lutte contre le sida : 1er décembre 2001 » www.education.gouv.fr/bo/2001/

ainsi qu'une leçon-type tenteront aussi de stimuler réflexions, discussions et échanges dans les familles et dans les classes d'école, au sujet de l'homophobie et de l'homosexualité. Laissez-vous porter par les dialogues. Cette conversation sera aussi la vôtre...

DIS PAPA, C'EST QUOI L'HOMOPHOBIE ?

– L'homophobie est le rejet des homosexuels. Certaines personnes ne supportent pas de voir des personnes du même sexe s'aimer. Par ailleurs, la société hiérarchise implicitement les sexualités. On parle alors d'hétérosexisme.

– C'est bien difficile tes définitions...

– Disons alors, pour être plus simple, que l'homophobie est le rejet de la personne humaine qui est homosexuelle, et l'hétérosexisme, l'infériorisation du groupe que forme les hommes et les femmes homosexuels.

– J'avais déjà entendu « homophobe », mais je ne connaissais pas le mot « hétérosexisme ».

– C'est normal. Il est jusqu'à présent peu usité en France. L'hétérosexisme est un comportement assez répandu, commun à toutes les sociétés. Beaucoup de gens sont hétérosexistes sans même le savoir ! L'hétérosexisme consiste en une certaine idée de la sexualité, une façon de considérer qu'il y a une sexualité hétérosexuelle supérieure aux autres sexualités : homosexuelle et bisexuelle.

– C'est-à-dire ?

– L'hétérosexisme dévalorise les sexualités peu communes.

– Mais ce mot est compliqué.

- Il comprend deux termes que l'on a unis : l'abréviation « hétéro » d'hétérosexualité et le mot « sexisme ».
- Et le sexisme, c'est lié au sexe ?
- Le sexisme est une distinction entre les sexes. Le sexe masculin est considéré comme le sexe fort et le sexe féminin comme le sexe faible. Cette distinction a pour but de dévaloriser le féminin par rapport au masculin. Celle-ci apparaît tôt dans les cours de récréation où les petits garçons héritent vite de cette idée, de cette habitude de penser que les filles sont les quilles à la vanille (des quilles, ça ne tient pas debout, c'est peu résistant) et les garçons sont en chocolat (robustes et vaillants). Les garçons semblent déjà les plus forts : car ils sont plus costauds, plus bagarreurs, plus sportifs (et encore !) que les filles. Ils se représentent physiquement supérieurs.
- Pourtant, c'est pas toujours vrai... Il y a des filles aussi fortes que certains garçons. Je le vois bien à l'école !
- C'est vrai. Mais beaucoup de parents, beaucoup de coutumes les encouragent à cette discrimination. Les filles ne sont pas plus faibles que les garçons ne sont forts. Tu as raison. Cet héritage de considérations ne signifie rien sinon la permanence d'une domination masculine dans nos sociétés. Ce sont toujours les hommes qui commandent et édictent les lois.
- Et pourquoi pas les filles ?
- Parce qu'on a considéré les femmes comme des êtres mineurs, incapables de s'occuper des affaires du pays, bien trop sérieuses et compliquées pour elles. On préfère qu'elles s'occupent des enfants et de la maison.
- Il y a pourtant des femmes qui travaillent.
- Absolument. Certaines ont même accès à des postes importants, d'encadrement ou de direction des entreprises ou des administrations. Toutefois, la plupart du temps, elles sont moins payées que les hommes. Et, en raison de leurs activités professionnelles, le soir, elles doivent assurer une autre journée de travail en s'occupant de la gestion de la vie familiale : les repas, le ménage, les enfants... Les

hommes participent toujours peu aux tâches domestiques et éducatives.
- C'est pas juste ! Je veux pas ça !
- Tu réagis bien, ma fille. Un certain nombre de femmes ont ainsi réagi et des changements sont apparus. Les couples mutualisent davantage leurs efforts pour s'occuper du foyer. Même s'il demeure encore de grandes disparités, les femmes ont obtenu davantage de droits, de responsabilités et de respect.
- Hétérosexualité, ça veut dire quoi ?
- Ca vient du mot grec « hétéro » qui signifie « l'autre » : c'est donc une sexualité entre des personnes de sexe différent (homme + femme) contrairement à l'homosexualité qui est la sexualité entre personnes de même sexe (« homo » en grec veut dire le même), c'est-à-dire un homme et un homme ou bien une femme et une femme. On dit aussi lesbiennes pour les femmes homosexuelles et gais (de l'américain « gay » qui veut dire outre atlantique homosexuel, gai, allègre et vif) pour les hommes homosexuels. Les personnes qui ont une sexualité hétéro et homosexuelle sont désignées comme des bisexuel-le-s.
- Quand tu dis « peu commune », tu veux dire normal ou anormal ?
- Ce n'est pas parce qu'un comportement est courant qu'il est normal. Inversement, ce n'est pas parce qu'un comportement n'est pas majoritaire qu'il est anormal. L'homme a généralement tendance à se méfier de quelqu'un de différent de lui. Par exemple d'une personne dont la couleur de peau est différente, dont l'accent n'est pas celui du pays, dont la tenue ou le look est inhabituel, dont le comportement lui est étranger. Il a aussi tendance à se méfier de ce qui lui est inconnu.
- Et on se méfie aussi des homosexuels ?
- Bien sûr. L'homosexualité est une orientation amoureuse peu courante pour la majorité des gens. En cela, elle les inquiète, les dérange ou les rend curieux.
- Curieux, je pensais qu'ils les aimaient pas...

– Ils les rejettent, mais ils en sont d'autant plus curieux pour pouvoir prétendre à des critiques. Ils expriment leur rejet ou leur mépris par des paroles ou des actes homophobes. C'est une réaction universelle comme le racisme...

– Alors si ça touche tout le monde, je pourrais être homophobe !

– D'abord la nature spontanée des enfants n'est pas homophobe. Un enfant n'est pas homophobe, pas plus que raciste. Si ses parents ou ses proches n'ont pas mis dans sa tête des idées homophobes, il n'y a pas de raison pour qu'il le devienne...

– Ce sont donc pas des idées naturelles, alors ?

– Si on te fait croire que les homosexuels font des choses immorales, contre-nature ou anormales, si tu prends au sérieux cette affirmation, tu les verras comme la peste et tu pourras avoir à leur égard un comportement homophobe.

– Et hétérosexiste aussi...

– Avec des efforts et la possibilité de rencontrer de près la réalité des gens homosexuels, tu verras qu'ils sont fort peu différents de toi ou moi. Tu pourras même merveilleusement apprécier leur compagnie. Comme partout, tu verras qu'il y a des gens très sympathiques et d'autres bien moins.

– Alors je ne serai pas hétérosexiste !

– Disons que tu ne seras probablement pas homophobe, tu ne nourriras aucune haine particulière à l'encontre des homosexuels. Mais pour autant, rien ne dit que tu pourras ne pas être hétérosexiste. Sans y prendre garde, sans en avoir conscience. Des petites phrases, des situations, des comportements peuvent amener implicitement à placer les relations hétérosexuelles à un niveau supérieur aux relations homosexuelles. L'hétérosexisme, c'est déconsidérer et dévaluer les amours entre hommes ou entre femmes. C'est « sur-valoriser » l'hétérosexualité. On imagine facilement que le monde est avant tout hétérosexuel, que les autres existent certes, mais ne comptent pas plus que ça.

– Mais comment ça ? Je ne comprends pas.

– Par exemple, tu diras à un collègue de travail : « j'espère que votre petite amie viendra avec vous à notre petite fête » en présupposant donc de son hétérosexualité comme allant de soi, alors qu'en fait, il a un petit ami. C'est le cas aussi avec un prospectus qui vantera la gratuité d'une place de concert pour l'épouse ou l'époux qui accompagne ; pas pour le petit copain de cœur du garçon ou la copine aimée pour la fille.

– C'est pas juste tout ça !

– Oui tu as raison, c'est ce qu'on appelle de la discrimination.

– Discrimination ?

– Discriminer, c'est établir une différence entre des groupes de personnes. C'est opérer une distinction qui n'est pas avantageuse pour un nombre de personnes. C'est les considérer comme inférieurs, les placer à un rang inférieur... Ils sont, disons, de moindre dignité...

– Certains pensent que les homos sont inférieurs ?

– Certains, vraisemblablement. Mais ils n'osent pas le dire. Il existe cependant des comportements, des coutumes qui soulignent cette différence...

– Lesquelles ?

– Prenons la fête de la Saint-Valentin.

– C'est quoi ?

– C'est la fête des amoureux. Une habitude fort ancienne de fêter l'amour... des hétérosexuels. Les amours homosexuelles n'y ont pas droit de cité.

– C'est triste pour eux.

– Pour un nombre d'entre eux, absolument. Ils se sentent exclus. Il faut des lois pour faire évoluer les choses, le PACS y aidera.

– C'est quoi le PACS ? C'est une paix ?

– On pourrait l'entendre comme cela. Peut-être la paix conclue entre le monde homo et hétéro, disons toutefois que la guerre fut plutôt larvée que frontale ces dernières

35

années. Le PACS, c'est la possibilité pour deux personnes homosexuelles de s'engager dans un projet de vie commune, et de bénéficier de quelques avantages sociaux.

– Ca va alors s'arranger la vie pour les gays !
– Les choses au quotidien seront encore difficiles pendant quelques années... Il faut du temps pour qu'une loi produise quelques effets, en dehors des impératifs administratifs. Pour qu'elle influe sur les mentalités. Et que les homos se sentent reconnus, libres d'aimer. Tu sais, les discriminations blessent la personne homosexuelle la ramenant à une catégorie à part, non égale, dévalorisée.
– Dévalorisée, ça veut dire sans valeur ?
– Tout à fait, tu viens de trouver ce qui fait l'hétérosexisme. On donne certains droits (qu'il faudra améliorer) mais il y a plein de trucs auxquels les homos n'ont pas de réel accès.
– Je ne vois pas quoi.
– Se prendre par la main sur la grand place d'un village, s'embrasser sur le quai de la gare ou participer à l'émission télévisée « les z'amours ».
– Voit-on des homos s'embrasser dans la rue ?
– Rarement. Cependant, l'autre jour, le long du canal, j'ai vu deux garçons qui s'embrassaient serrés l'un contre l'autre tout à leur bonheur d'être ensemble jusqu'à ce qu'un cycliste les apostrophe en leur criant : Arrêtez de vous exhiber !
– C'est pas drôle !
– C'est bien le signe que leurs couples ne valent pas encore les autres...
– N'y aurait-il pas pour eux aussi un problème d'intégration ?
– Je crois. Personne ne peut dire que les homos soient aujourd'hui parfaitement intégrés dans la société. Ils ne sont pas devenus aussi banals que les hétéros. Nul ne peut affirmer par exemple qu'aucun employeur ne songerait à tenir compte au moment de l'embauche de la spécificité

sexuelle des candidats. Nul ne peut imaginer que l'oppression des homos soit irréelle. Sinon par cynisme ou par ignorance.
- Est-ce que c'est pour ces raisons que les homosexuels défilent ? On les voit chaque année dans la rue faire leur carnaval...
- Ce n'est pas un carnaval, même si ce défilé est joyeux, très festif, coloré et musical. C'est un défilé pour exprimer un mécontentement.
- Ils n'ont pas tous l'air mécontent...
- C'est bien la spécificité de la Gay Pride, ainsi qu'on appelle cet évènement. C'est à la fois une manifestation de revendication pour des libertés humaines fondamentales et une fête de visibilité homosexuelle. C'est à la fois dire, « on veut cela », mais aussi « on existe, et on va le faire savoir au monde entier » en chantant, en dansant ou faisant les « fous »... La Gay Pride est la célébration de la révolte, en 1969 à New York, d'une poignée d'homosexuels contre des brimades policières répétées dans les bars où ils avaient l'habitude de se rencontrer...

SCENE 1 – LA QUESTION INOPPORTUNE

Je m'appelle Jérôme. Mon papa habite dans une tour qui touche le ciel. Il passe son temps à lire le journal au lieu de répondre à mes questions. Aussi, je me mets souvent à rêver d'escapades lointaines. Je pourrais attraper les nuages avec les bouts des doigts depuis les fenêtres de l'appartement et m'en aller avec eux dans leur folle course les jours de grand vent. L'ennui, c'est que je n'ai pas le droit de les ouvrir, ces fenêtres rectangulaires. D'ailleurs, je n'ai toujours pas trouvé la serrure pour les débloquer. Ce sont de drôles de fenêtres. Papa m'a expliqué qu'il était défendu de les ouvrir pour des raisons de sécurité. Mon papa est un homme raisonnable. C'est vrai, que ferais-je donc sur un nuage ? Ce serait moche de ne plus voir papa ou ma maîtresse d'école, Mademoiselle Druche. Comment m'apprendrait-elle le calcul, l'orthographe et la lecture, moi perché là haut dans les nuages, sur les montagnes célestes ? Je serais tout seul. Sans les copains de papa, sans les camarades de classe, sans maman et les « autres ». Je dis les « autres » parce que c'est vrai que je ne me sens pas vraiment à l'aise avec eux. Eux, ils habitent dans les tours depuis plus longtemps que moi, ils y sont tout le temps, et se connaissent très bien. Moi, je les trouve bizarres. Lorsque je passe avec papa et Hervé, ils ont une façon de murmurer tout bas des trucs qu'ils veulent sûrement pas qu'on entende... mais c'est pas discret. Un jour, j'ai surpris des sourires narquois. Mais c'est pas très grave parce que je préfère être dans les étages de ma tour que sur la dalle froide. (...) Un matin, au petit déjeuner, j'ai demandé à Pa-

39

pa : « Dis-moi, c'est quoi un normo-sexuel ? » Il m' a regardé un peu bizarrement, il a hésité à répondre puis il s'est empressé de me donner mon bol de céréales, me gratifiant d'un grognement et d'un « tu vas être en retard ». J'ai alors bu mon lait et avalé mes pétales de maïs sans broncher. Mais je sentais bien qu'il y avait de l'électricité dans l'air. Papa a mis un quart de café moulu à côté du filtre. Les tranches de pain cramèrent dans le toaster. La cafetière explosa de son jus bouillant. Le mixer s'étouffa et les agrumes projetés sur le sol achevèrent la pagaille. Un champ de bataille dans la cuisine. Hervé, le copain de Papa, est apparu avec un large sourire dans l'entrebâillement de la porte et s'empressa d'aider papa au nettoyage. Et lorsque je reposai ma question, je sentis qu'il me fallait me précipiter sur mon cartable pour éviter une tempête dans un bocal.

– Les homos peuvent-ils alors être heureux ?
– Tant de tracas rendent la vie bien difficile aux homosexuels. On les reconnaît sans leur apporter tous les avantages auxquels ils pourraient prétendre. Dans certaines situations, l'homosexualité marginalise. On ne valorise pas leur orientation amoureuse : cet amour porté pour une personne de même sexe et qui est aussi leur raison de vivre. Ils se heurtent toujours à l'idée sous-jacente que l'homo-amour ne vaut pas l'hétéro-amour. Cela demeure toujours bizarre pour certains. D'autres masquent leur dégoût, considérant ces amours comme anormales ou contre-nature.
– Ca veut dire quoi contre-nature ?
– Ce qui est contre-nature est empêché par la nature. Immoral, c'est la société qui l'interdit. Ce sont deux choses bien distinctes.
– Explique-moi cette différence !

- La nature fait ce que nous sommes : grands, petits, blancs, noirs, yeux verts ou marron, cheveux roux, frisés ou dégarnis. On n'y peut pas grand chose. C'est un fait établi. Par contre, c'est la société qui fabrique sa propre morale, qui définit des normes qui peuvent évoluer avec le temps, selon les gens.
- C'est quoi cette évolution ?
- Regarde. Il y a quelques années, il y avait peu de divorces, et donc peu d'enfants de couples divorcés. Lorsqu'il y en avait un dans une classe, il était mal considéré. On le regardait de travers. On lui trouvait des défauts. Même l'instituteur pouvait s'en méfier. De nos jours, il y a beaucoup plus de divorces. C'est devenu plus commun, moins rare. On ne déconsidère plus pareillement les enfants de couples divorcés. C'est cela, vois-tu, l'évolution des mentalités.
- Et c'est quoi la normalité ?
- De nos jours, la médecine tend à définir la normalité non plus à partir d'un comportement majoritaire, mais selon la satisfaction et l'épanouissement (surtout !) de la personne concernée.
- Alors, tout devient normal ?
- Pas forcément. On peut ainsi considérer qu'une sexualité dite « classique » peut être « anormale » en cas de problèmes de fonctionnement de l'appareil génital ou de perversité donnée dans l'acte sexuel et une sexualité « minoritaire » comme l'homosexualité peut être vue comme normale car épanouissante pour l'homme et la femme...
- Mais, moi-même, j'ai pourtant entendu dire à l'école que c'est anormal, les gays...
- Je t'en prie, n'écoute jamais ce que les gens te disent sans justifier leurs propos ; même s'ils sont nombreux à penser la même chose. Ecoute-les, et pèse le « pour » et le « contre ». Il faut toujours se méfier des jugements à l'emporte-pièce !
- Mais pourquoi dit-on cela ?

– Parce que les relations homosexuelles troublent tout le monde, autant qu'elles interrogent. On pense à soi, à sa personnalité, à ses amis, on a tellement peur de ne pas être conforme...

– Et si t'es pas conforme, il t'arrive quoi ?

– Justement. Tu risques d'être rejeté par les autres. C'est cela que les gens redoutent, car on peut beaucoup souffrir du rejet des autres.

– Et les gens qui se sentent homos, ils pensent à quoi ?

– Ils se sentent très troublés. Ils ont des pensées parfois contradictoires. Ils oscillent entre une affirmation de leur personnalité et le rejet de ce qu'ils sont. À savoir, une personne humaine aimant les personnes de son sexe. Ils se disent : « est-ce que c'est normal de regarder les garçons ainsi ? Est-ce que c'est normal d'avoir envie d'embrasser une fille ? »

– Et ils trouvent des réponses ?

– Ils les cherchent, ils se cherchent. Ils tentent de repérer leur personnalité, et c'est très difficile de s'avouer homosexuel après tant de siècles pendant lesquels on a considéré cette orientation amoureuse comme perverse. Selon les périodes, on a jugé les homos comme des malades ou des esprits diaboliques. On ne met plus en France les homos en prison. L'homosexualité n'est plus un délit. Mais, il y a toujours des gens pour dire c'est sale, c'est dégoûtant.

– Pourquoi pensent-ils cela ?

– Ces pensées sont le fruit de considérations morales influencées par la religion, la politique et une éducation conformiste. C'est une façon bien arbitraire de voir les choses. Il faut connaître les personnes homosexuelles avant de mettre en avant ses positions philosophiques. La méconnaissance peut engendrer la méfiance. Connaître, c'est en principe déjà comprendre, tolérer puis accepter. Du moins, peut-on l'espérer.

– Que disent-ils, ces gens qui pensent que c'est mal ?

– Ils expliquent, par exemple, que les homosexuel-le-s sont infertiles, sans enfants, donc à leurs yeux relativement irresponsables parce qu'ils ont généralement peu d'obligations sociales ou éducatives.

– Ca veut dire quoi « infertile » ?

– Ca veut dire ne pas avoir d'enfant, ne pas pouvoir procréer. Pour certains, le but ultime de la vie, c'est la procréation, c'est engendrer l'humanité avant sa propre disparition. Il existe des hétéros infertiles, parce que, génétiquement, ils ne sont pas « programmés » pour cela...

– Tu parles d'engendrer l'humanité, mais les homos...

– Si l'homosexualité ne permet pas a priori d'avoir d'enfants, elle ne perturbe pas la reproduction de l'espèce humaine.

– Comment le sait-on ?

– Eh bien ! Parce qu'il a toujours existé des femmes et des hommes attirés par leur propre sexe, et que cela ne nous empêche pas d'être là pour en discuter. L'humanité se reproduit de toute façon. On ne peut pas dire que l'homosexualité dérange le fonctionnement du monde. Et même, qu'elle n'est pas dans l'ordre des choses puisque la nature n'interdit pas, par essence, à des hommes ou des femmes de s'aimer entre eux.

– Chez les animaux, y a t-il des homosexuels ?

– Oui. L'homosexualité est une composante naturelle de la vie. Nous savons que quelques poissons d'eau douce, des singes comme les bonobos de la forêt africaine, des lézards et bien d'autres espèces du règne animal s'accouplent entre individus du même sexe.

– On dit que les homos sont dangereux, ils ne pensent qu'au sexe !

– Tu ne crois pas que les autres personnes n'y pensent pas. Tes parents aussi, même si cela dérange toujours un peu les enfants. Ce qui est tout à fait normal. On trouve autant d'homos que d'hétéros qui draguent. Les gais et lesbiennes n'ont rien inventé. On en parle beaucoup parce qu'ils sont plus visibles, parce qu'ils sont regroupés dans des lieux bien définis. Ils n'ont rien inventé. Leurs lieux ressemblent souvent aux établissements hétéros dont on préserve davantage la discrétion.

- On dit aussi qu'ils ont des fantasmes bizarres. Ce mot est joli, mais je ne connais pas son sens.
- Les fantasmes sont des productions « normales » de l'esprit. C'est un peu rêver de choses, souvent impossibles. Ils sont parfois inconscients. On en a tous, ce sont des drôles d'idées qui s'expriment la nuit en rêve ou dans notre sexualité. C'est un comportement sain, même s'ils bousculent quelques critères socioculturels. Ils sont parfois perturbateurs pour l'individu. Beaucoup de gens ont des fantasmes homosexuels. Y penser ne veut pas dire nécessairement qu'on sera homo ou pas. Le problème, c'est de plus ou moins bien assumer cela.
- Ca veut dire quoi ?
- Certaines personnes composent avec leurs fantasmes et vivent une hétérosexualité parfois plus ou moins teintée de fantasmes homosexuels. D'autres dissimulent ces productions imaginaires qui les mettent mal à l'aise. Ce sont souvent les adversaires les plus virulents de l'homosexualité.
- Raconter des histoires sur les « homos » pour rire, dis-moi, est-ce que c'est mal ?
- Assurément, dans la mesure où cela risque de renforcer les caricatures et les stéréotypes qui blessent la population homosexuelle. Il y a peut-être plus drôle que de dire inlassablement que les « pédés » sont des folles et les « gouines » des camionneuses. Et puis les gens qui se moquent des autres ne savent guère rire d'eux-mêmes. L'humour est une force.
- C'est quoi l'humour ?
- Avoir le sens de l'humour, c'est savoir plaisanter. C'est savoir ne pas se prendre au sérieux.
- Est-ce que les racistes ont le sens de l'humour ?
- Non. Ils ne savent rire que méchamment des autres. Ils montrent leurs défauts comme s'ils n'en avaient pas eux-mêmes. Ils exposent leur prétendue supériorité. Mais en définitive, ils dévoilent leur ignorance, leur degré de bêtise et leur volonté de nuire, surtout. Les blagues contre les homos sont largement hétérosexistes et même racistes.
- Quand on est bête, on est raciste ?

- Non, mais quand on est raciste, on est bête.
- Et les folles et camionneuses dont tu m'as parlé, ce sont des bêtises ?
- Oui, c'est le colportage de films comme « la cage aux folles », « pédale douce » ou « gazon maudit ». Cette moquerie n'est pas dénuée de sens et c'est dire que la lesbienne est un garçon manqué et que le gay est une femme manquée.
- Mais ça existe aussi les garçons et les filles manqués, on en voit parfois. Il y a toujours une fille qui joue au ballon et un garçon à la corde à sauter...
- Oui, tu as raison. Mais ce n'est pas parce qu'un garçon joue à la corde à sauter et une fille au ballon qu'ils seront homosexuels. Ici nous rejoignons ce qu'on appelle les stéréotypes de genre. Le genre, masculin ou féminin ou autrement dit l'appartenance au groupe masculin ou au groupe féminin. Cela est un pur produit de l'éducation. Chaque culture définit ses propres critères de masculinité et féminité. Chez certains musulmans, par exemple, un homme viril doit se maquiller les yeux.
- C'est pas vrai...
- C'est bien la preuve que tout cela est fort relatif !
- Et chez nous, un homme, ça doit se comporter comment ?
- Un homme ne doit pas afficher sa sensibilité. Il doit être courageux, guerrier ou en lutte permanente pour être le premier. Un homme vit dans une perpétuelle compétition. Être un homme, c'est aussi défendre les pauvres, la veuve et l'orphelin... mais surtout bien se distinguer des femmes qui sont à ses yeux des êtres faibles que le vrai mâle doit protéger et conduire sur les chemins de la vie et ainsi dominer sous couvert de soutien. On considère donc qu'un garçon pour être un garçon et être élu comme garçon doit appartenir à la « maison des garçons » et qu'une fille ne doit pas sortir du rôle qu'on lui a assigné : s'occuper des enfants, faire les repas ou le ménage, etc.
- C'est quoi la « maison des garçons » ?
- C'est un chercheur, Daniel Welzer-Lang, qui explique que le garçon est très vite invité à se conformer à un modèle.

Ainsi, pour être homme et vivre en tant que tel, être accepté dans « la maison des garçons », il lui faut se plier à un ensemble d'injonctions. Il existe une quantité de proverbes, de récits, de légendes qui disent aux garçons « tu dois te comporter ainsi, sinon tu seras rejeté de cette maison ! »

– On leur dit quoi ?

– On leur dit d'abord qu'« un homme, ça ne pleure jamais », c'est même la règle numéro un ! Puis on ajoute : « tu aimeras le foot, tu joueras au ballon », « tu feras du sport, tu te muscleras, tu seras un dur. » Pas de sentiment pour les vrais hommes ! Et surtout, « tu lutteras pour être le meilleur. Ton cadeau, ce sera les filles ! »

– Mais, papa, on n'est pas des « cadeaux » pour récompenser les garçons !

– Tu as raison de te fâcher. Tu es prête pour défendre la cause des femmes qui prennent le contre-pied des mères qui dictent la docilité, la soumission au mâle dominant ...

– Ils ne dominent pas toujours à l'école, les filles sont plus fortes en bien des matières.

– Heureusement !

– Je pense que, pourtant, dans les cours de récré, les garçons jouent parfois avec les filles, de temps en temps, au moins...

– Mais le reste du temps, ils demeurent entre garçons. Ils font des compétitions pour se mesurer. Pour voir quel est celui qui est le plus fort, donc le plus homme. Tu sais, toutes les compétitions sont possibles. Les filles les trouvent même parfois stupides. C'est jouer à qui fait pipi le plus loin, des concours de masturbation, des bras de fer, le score de filles draguées avec lesquelles on « a conclu »... Et ensemble, dans cette « maison des garçons», une maison du masculin, ils ne devront pas se caresser amicalement comme les filles entre elles. Les caresses sont remplacées par la brutalité : des coups, des tapes, des bagarres. On voit bien dans le rugby, ces contacts virils...

– C'est bizarre, ces façons...

– Un jour, j'ai vu une scène justement très significative. J'étais sur le bord du bassin d'une piscine municipale.

J'avais remarqué des hommes, visiblement gays, qui se regardaient amoureusement... et un peu plus loin deux hommes fort virils qui se bagarraient, visiblement avec plaisir, torse contre torse. Je me suis alors surpris à penser que les uns et les autres s'aimaient bien chacun à leur manière, que leurs attitudes étaient proches... Cela m'a paru être l'endroit et l'envers d'une même chose, vois-tu ?

– La bagarre caractérise-t-elle les hommes ?

– Le petit garçon, sais-tu, apprend à devenir un homme dans la souffrance. Il doit souffrir pour modeler son corps, être vigoureux, dissimuler ses sentiments. Puis finalement, il doit, c'est vrai, s'affirmer dans la lutte ou la compétition pour gagner ses galons de masculinité. Les garçons reproduisent ce que leurs pères ont fait. Ils sont comme introduits dans cette « maison des garçons » pour devenir, disons, un « mec » !

– Et pas une mauviette, alors ?

– C'est ça. C'est apprendre à être des hommes, en contact avec d'autres hommes et en opposition avec les femmes. C'est donc un ensemble de codes à suivre pour ne pas être une femmelette, qu'on assimile forcément à un pédé. Apprendre à jouer au football en Europe, au hockey en Amérique, c'est déjà dire – je veux être un homme, et donc je veux me différencier de mon opposé féminin. La « maison des hommes », c'est l'école du masculin.

– C'est affreux tous ces ordres. On n'est pas libre.

– Tu sais, tu peux rejeter tous ces modèles, c'est même préférable. Et il te faudra convaincre les autres, garçons et filles, que tu as raison. La plupart, est conditionné pour penser que tu divagues ou bien que tu exagères. Tu expliqueras par exemple que les garçons ne sont pas obligés de passer par la « cage à virilité », qu'il n'est pas nécessaire de souffrir pour devenir un homme, que le féminin n'est pas un « repoussoir », que l'on peut partager des loisirs intéressants avec les femmes – ne pas rester seulement avec des copains. Et aux filles, qu'elles n'ont pas à obéir inconsciemment à des modèles de femmes imposés, qu'elles n'ont pas à rester cloîtrées à la maison, à s'occuper exclusivement des enfants et de l'habillement ; qu'elles doivent partager les tâches domestiques avec les hommes, etc. Beaucoup de choses que leurs mères ne leur ont jamais dites afin de respecter les traditions et rôles sexuels conventionnels...

- Dis-moi, pourquoi qualifie t-on les femmes de sexe faible ?
- Cela n'a rien à voir avec la sexualité et c'est une question de genre. Ca ne veut pas dire que les femmes sont constitutivement faibles. Il y a de nombreux contre-exemples. Les notions de virilité et de faiblesse sont éminemment sexistes. On les évoque pour disqualifier les femmes. On dit aussi facilement d'une femme : « une folle », certains l'affirment hystérique. L'homosexuel est ainsi associé à la femme. Il est une « folle » lorsqu'on lui prête une pratique sexuelle passive qualifiée de féminine.
- Pourtant les femmes ne sont pas des folles.
- C'est vrai, mais il est des hommes qui tiennent à les diminuer. Ils disent qu'elles ont un caractère fragile à l'image de leur appellation de sexe faible et qu'elles ne peuvent pas tout faire dans la vie, qu'elles ne peuvent pas diriger des entreprises, devenir Président de la République. Or, nous voyons, bien au contraire, en lisant les journaux et en nous promenant dans la rue, que c'est faux.
- Pourquoi dit-on cela ?
- Il est beaucoup d'hommes qui n'aiment pas vraiment les femmes, ils veulent les dominer et sont misogynes. C'est encore une forme de rejet, de racisme à l'égard de la femme et par extension du féminin. De tout ce qui peut paraître appartenir à son univers. Tu ne verras jamais un homme macho porter un objet préféré des femmes ou conduire une voiture dite pour les « gonzesses ».
- Mais dis-moi, les hommes se marient pourtant bien avec elles ?
- Ils les aiment pour faire des bébés et pour faire l'amour, mais les respectent-ils vraiment dans la vie courante en les traitant d'égal à égal. Cela est une autre question...
- Je comprends mal comment on peut à la fois aimer et manquer de respect...

– Ils rejettent ce qu'ils craignent. Ils ont toujours peur de se déviriliser à leur contact. Les femmes sont pour eux un danger. Ils ne veulent pas leur ressembler.

– Et c'est pourquoi ils ne supportent pas les pédés trop féminins ou se comportant comme tels, car eux aussi peuvent leur faire perdre cette virilité, je parie.

– C'est gagné.

– Mais parle-moi de cette fameuse virilité, c'est quoi ?

– La virilité, on l'explique souvent par opposition à la féminité. Le dictionnaire définit la virilité, voyons, comme l'ensemble des caractères physiques et psychiques du sexe masculin. C'est aussi la capacité d'engendrer ou la vigueur sexuelle. On lui associe l'énergie, le courage, la fermeté et la résolution que la tradition prête au sexe masculin.

– Ca veut dire que les femmes n'ont pas l'énergie, la fermeté et le courage des hommes...

– C'est bien là le problème. On explique toujours malencontreusement la virilité en l'opposant à la féminité.

– On dit toujours, Papa, que le masculin l'emporte sur le féminin...

– Effectivement, en grammaire, on a arbitrairement décidé que le masculin primait sur le féminin. Mais la réalité est toute autre. Sais-tu, que biologiquement, pour que le mâle, donc le masculin, puisse exister, il doit en quelque sorte se défendre à l'état embryonnaire pour ne point rester femelle. Le sexe femelle est le sexe de base chez les mammifères. On est programmé à l'état embryonnaire pour devenir femelle. Le chromosome mâle Y détourne cette tendance spontanée. Une célèbre philosophe, Elisabeth Badinter, écrit : « On ne naît pas homme, on le devient ». Il semble que l'homme, dès son plus jeune âge, doive lutter pour être un mâle. Cette « auteure » soutient que le garçon, né d'une femme, doit s'affirmer contre cette même femme, contre les valeurs de cette femme pour devenir véritablement un mâle. C'est une gifle pour les machos, les tenants de la masculinité pure et dure. La masculinité n'est pas un allant de soi, ni la valeur première qui se développe spontanément chez l'humain. La masculinité s'entend

49

donc davantage comme l'évitement de quelque chose. Le petit garçon doit se dire : « je ne suis pas le bébé de ma mère, je ne suis pas une fille comme ma mère, je ne suis pas homosexuel. » On trouve ici la pierre angulaire qui provoque tant de conduites d'évitement, d'agressivité et de dégoût devant l'homosexualité masculine. Et cette volonté de ne pas se laisser aller à des sentiments proches de la sphère féminine, ou traditionnellement attribués au monde féminin.

– Et les filles ?

– Elles, elles n'ont ce même destin d'évitement, ce problème de ressemblance/dissemblance. On peut dire que depuis l'enfance jusqu'à l'âge adulte (et parfois toute la vie) la masculinité est davantage une réaction qu'une adhésion. Le petit garçon se dit : « je ne suis pas ma mère, je ne suis pas un bébé, je ne suis pas une fille »... en conclusion : « je suis un homme (et dois le rester !) »

– Et ça a à voir avec l'homosexualité, l'homophobie ?

– Bien sûr. On peut dire que l'homophobie s'installe dès l'enfance. Elle accompagne les premiers principes éducatifs de masculinité. Le petit garçon, après le « je ne suis pas une femme », va vite enchaîner sur « et je ne suis pas un homosexuel ».

– Mais pourquoi se dira-t-il cela en fait ?

– Tout simplement parce que dans notre monde actuel, dans notre civilisation occidentale prédomine l'idée qu'on est vraiment un homme que si on préfère une femme. Elisabeth Badinter souligne que posséder une femme renforce, dans notre culture, la différence avec le féminin et rassure sur l'appartenance en un camp, celui des hommes. Il s'agit de posséder une femme pour ne pas être une femme !

– Tu parles du camp des hommes, c'est la guerre...

– Il ne faut pas se leurrer. Les hommes et les femmes sont opposés en deux camps adverses si on regarde objectivement leurs relations. La domination masculine est une réalité. Le sociologue Pierre Bourdieu explique que la division des sexes paraît être « dans l'ordre des choses », de même que la force de l'ordre masculin s'impose sans nulle justification. Notre ordre social fonctionne avec une nette répartition entre les métiers, les lieux, les rôles sociaux attribués à chaque sexe, ordre qui est toujours à l'avantage des hommes. La virilité se manifeste dans les logiques de la prouesse, de l'exploit ou de la soumission d'autrui, mais aussi de l'appropriation et de la possession dans les relations amoureuses. Il existe chez les hommes un besoin de dominer et posséder (dans le sens sexuel) la femme. On comprend bien alors que la pire humiliation, pour un homme, consiste à être transformé en femme. C'est le déviriliser. Les plaisanteries sur leur virilité, les apparences féminines, les accusations d'homosexualité participent de cette angoisse de dévirilisation partagée par la plupart des hommes. Le phallus est le symbole de la virilité et de la domination masculine. Et l'homme court sans cesse après un idéal de virilité conduisant par exemple à un investissement forcené dans les sports produisant des signes visibles de la masculinité ou dans des jeux de violence masculine. Le goût pour l'automobile participe de ce symbole.

— Un homme a donc toujours besoin de se rassurer ?

— Le seul fait de ne pas être homosexuel est une garantie, une espèce d'assurance de masculinité. Tout cela explique donc la crainte fondamentale de l'homme : son refus de la féminité et surtout de sa propre composante féminine. La misogynie incarne la haine des qualités féminines chez les femmes, l'homophobie incarne la haine des caractères féminins chez les hommes. Cette discrimination à l'égard des femmes est très proche de celle à l'égard des homosexuels. C'est deux maux qui vont largement de pair. La domination des femmes et l'homophobie sont les deux faces d'une même médaille. Il s'agit de deux représentations de la domination masculine : celle exercée par l'homme sur la femme et celle exercée sur l'homme dont le comportement apparaît comme féminin.

SCENE 2 – MON PAPA EMBRASSE HERVE

Ah ! J'oubliais de parler d'Hervé. Bon, Hervé, il a une sale manie, il veut toujours me donner la main, comme s'il fallait me donner la laisse. Je ne suis pas un chiot. Me croit-il assez stupide pour traverser les rues n'importe où comme un jeune chien fou ? Il m'énerve vraiment beaucoup pour ça et Papa le soutient toujours. Heureusement, il est passionné de foot. Ca me change de papa. Avec Hervé, on se fait des parties d'enfer quand on va au parc de la Villette. Là, on s'éclate, on s'époumone, on tire au but, on court en tous sens après le ballon. C'est super ! Puis de retour à la maison, on prend la douche pour y noyer la sueur. J'adore prendre la douche avec Hervé. Il ne voulait pas pour des raisons que je n'ai jamais comprises. Lui, qui s'expliquait si bien, n'arrivait pas à dire deux phrases correctes pour me donner quelques bonnes raisons. Il perdait sa grammaire. Il bafouillait. Quant à Papa, c'était le drame du siècle. M'enfin, il a fallu négocier sec (c'est le cas de le dire) afin qu'il accepte que je prenne ma douche avec lui et garde le secret à l'insu de Papa (...) Au retour de la classe de Mademoiselle Druche, je les retrouvais torse nu en train de lutter comme de vrais catcheurs. Je lançais mon cartable sur le canapé et me jetais dans la mêlée. Je ne pus peser sur le match et me contentai finalement de l'arbitrer. Les deux athlètes étaient vraiment trop forts. J'avais rarement vu Papa déployer tant d'énergie et de muscles, lui tant occupé à ses multiples lectures. Faute d'endurance, il abandonna la partie ; et je déclarai Hervé vainqueur de ce championnat. Hervé m'apprit des prises de judo. Il avait beaucoup pratiqué les sports de combat dans sa jeunesse. Il me raconta en détail les compétitions auxquelles il participa, ses défaites et ses succès. Il suivait toujours des cours de karaté. Il me confia qu'il s'était lancé dans ces sports parce qu'à mon âge, il était tout chétif, un vrai gringalet. On se moquait souvent de lui. J'eus peine à le croire devant ses pectoraux en barres de chocolat et la puissante musculature de ses bras avec des biceps gonflés de plomb. J'étais un vrai poids plume à côté de lui. Papa aussi. Ce dernier était visiblement réjoui depuis que séjournait à la maison Hervé. Il était moins grognon et me fichait royalement la paix. Je jouais comme il me plaisait, et papa demeurait enjoué. Ca me faisait plaisir qu'il ne bougonne plus et se mette à rigoler comme une baleine. J'ai vite compris que les deux copains dormaient ensemble mais se faisaient aussi des petits mamours, aussi discrets fussent-ils. Je m'en suis aperçu un matin, la porte étant mal fermée. Allongés sur le lit, ils s'embrassaient sur la bouche. Je fus d'abord un peu choqué. J'avais déjà vu Papa faire cela à Maman. Je me demandais même si j'étais né de ce baiser, à l'époque. Quel idiot ! Comme si un simple baiser pouvait concevoir un bébé. Ma maîtresse d'école m'avait gentiment remis les pendules à l'endroit. Et heureusement, pour l'heure, j'aurais pu croire que Papa et Hervé me faisaient un petit frère sans me prévenir. Bref, dans la mesure où nul petit frère ne peut rivaliser contre moi, ils pouvaient bien s'embrasser. Après tout, une bouche est une bouche, et on peut bien choisir d'embrasser celle qu'on veut. C'est la liberté. Mademoiselle Druche nous a bien dit que la liberté est fondamentale pour l'épanouissement de la personne. Papa et Hervé pouvaient donc s'épanouir comme ils voulaient. Cela m'importait finalement peu ; j'avais gagné avec Hervé un nouveau copain.

— Est-ce que l'école nous protège de toutes ces discriminations ?

– Fort peu à mon avis. Les enfants sont toujours éduqués selon des critères particuliers qui classent, qui catégorisent. On place d'un côté les garçons, et les filles (de même qu'on classifie les homos et les hétéros). Chaque sexe doit avoir ses propres jeux, ses propres sentiments, et plus tard ses propres terrains d'action. Les poupées appartiennent ainsi toujours au seul univers des filles, les voitures et les jeux vidéo aux garçons, et puis le tablier à maman, le journal à papa. Ce sont des stéréotypes qui relèguent les femmes à un rôle de ménagère et aux fonctions éducatives. Les jeunes filles se préparent peu aux carrières réservées aux hommes. Les enfants sont conditionnés à cette division inégalitaire entre les garçons et les filles. On voit des exercices, à l'école, dont les énoncés cantonnent les femmes aux mêmes activités : coudre, repasser, cuisiner, faire le ménage ou la vaisselle... On évoque, par exemple, en long et en large la vie des hommes préhistoriques. Mais le prof, sans y prendre garde, oublie systématiquement de spécifier l'existence et le quotidien de la femme préhistorique. Cette inégalité est fortement ancrée dans les mentalités.

– Que peuvent faire les maîtres et maîtresses d'école, les profs ?

– L'école est bien trop silencieuse sur les sujets du sexisme et de l'homosexualité. Celle-ci ne paraît pas digne d'être évoquée. Ca renforce énormément la légitimité hétérosexuelle. Aussi, les enseignants doivent susciter des débats dans les classes, diffuser de nouveaux modèles égalitaires, casser tous les stéréotypes, y compris ceux concernant l'inégalité entre les sexualités. Ils doivent remettre en cause les modèles sexistes produits par la littérature ou le cinéma, la télévision. Il est clair qu'il faudra aussi quelques adultes-relais pour favoriser une déconstruction pertinente des schémas mentaux conservateurs. Il n'y a pas pire réflexion que celle du garçon devant un fer à repasser : « c'est un truc de fillettes » ou le « c'est un truc de pédé ». J'ai même entendu comme variante lors d'un voyage : « c'est pas une montagne de pédé », c'est-à-dire, c'est une vraie montagne imposante, non pas une montagne de « femmelette » ou une montagnette. Tel est le message en définitive.

55

- Quand est-ce que les homosexuels se rendent-ils compte qu'ils sont homosexuels ?
- Beaucoup de filles ou garçons s'en rendent compte précocement, dès sept ou huit ans. Pour d'autres, c'est bien plus tardivement. Alors que leurs camarades s'intéressent aux personnes de sexe opposé, ils s'aperçoivent y être indifférents. Un long cheminement les amène à prendre conscience de leur attirance homosexuelle...
- Tu dis un long cheminement, ça n'a pas l'air facile...
- C'est très variable, dans bien des cas il leur faut beaucoup de temps pour s'accepter tels qu'ils sont.
- Mais est-ce que c'est un choix ?
- Absolument pas ! Ce n'est ni un choix, ni un effet de mode. On ne devient pas homosexuel parce que c'est dans l'air du temps, parce qu'on connaît beaucoup de gais et lesbiennes. Ce n'est pas plus les conséquences d'une mauvaise influence ou d'une déception amoureuse.
- Est-ce qu'on devient gay si on a autour de soi des gens comme cela ?
- C'est une drôle de question. Il n'y a aucune raison à cela. On ne devient pas homosexuel parce qu'on en est entouré. On ne peut influer sur l'orientation sexuelle...
- Mais, dis-moi, sais-tu d'où ça vient l'homosexualité ?
- L'origine de cette orientation amoureuse est, en l'état actuel des connaissances, inconnue. Certains chercheurs ont émis des explications génétiques fort controversées. Il ne paraît pas exister de gène de l'homosexualité. Des psychologues suggèrent que les influences parentales sont déterminantes. Mais ces théories s'opposent ou bien sont incomplètes. Il n'y a donc pas lieu de rechercher les causes de l'homosexualité dans la généalogie familiale lorsqu'un enfant annonce son homosexualité. Pose-t-on, du reste, la question des origines de l'hétérosexualité des gens ? Certes pas... alors, tu vois...
- Dis-moi, comment les personnes homophobes repèrent-elles les personnes homosexuelles ?

- Ils pensent y parvenir, mais rien n'est moins sûr. Leurs critères sont victimes de leurs propres stéréotypes. Pour eux, un gay ressemble aux femmes, il porte des tenues efféminées, il a des manières de faire ou de s'exprimer qualifiées (à tort ou à raison) de féminines. Un homosexuel qui se cache derrière une carapace très virile n'est pas concerné. Une femme apparaissant trop masculine, quant à elle, peut être perçue comme lesbienne contrairement, par exemple, à une autre femme, très féminine, qui l'est.

- Et toi, penses-tu qu'on peut facilement reconnaître un homosexuel ?

- Un certain nombre de gens pensent que les gays se ressemblent tous, et les lesbiennes aussi. C'est un mythe totalement faux. L'apparence d'un individu ne dit en rien son orientation sexuelle. Ni son comportement. Il faut se garder des stéréotypes, des généralisations faciles et des caricatures gratuites, la plupart du temps complètement fausses. Rien ne ressemble plus à un banquier homosexuel qu'un banquier hétérosexuel !

- Les homos peuvent donc passer inaperçus ?

- Tout à fait.

- Pourtant les efféminés...

- Ca ne veut rien dire. Tous les hommes qui ont l'air efféminé et toutes les femmes qui paraissent viriles ne sont pas nécessairement homosexuels. Cela dit, ces hommes et femmes-ci doivent être respectés et non marginalisés du fait de leur apparence.

- C'est un stéréotype, ça ?

- Oui, méfie-toi des lieux communs. Les stéréotypes sont en général aliénants. Ils classent à tort les gens, ils influent sur les représentations naturelles. Ils donnent des idées fausses sur les gens côtoyés et ils transforment les individus qui s'y conforment. Certains homosexuels s'adaptent inconsciemment aux clichés : la société les persuade, en effet, qu'un homosexuel ne peut être que comme ça.

- C'est ennuyeux. Ils ne sont donc plus eux-mêmes.

– C'est vrai. Ils perdent de leur originalité. Ils perdent des traits de leur personnalité en voulant trop maîtriser des gestes et des comportements ou en adoptant des attitudes qui ne leur correspondent pas. C'est un peu se déguiser : la voix, l'allure, les manières... Et même faire celui ou celle qui est intéressé par un domaine dont il ou elle se fiche complètement. C'est somme toute un peu travestir sa personne.

– Les homosexuels et les travestis, est-ce que c'est la même chose ?

– Ce sont deux choses à ne pas confondre. Quelques homosexuels se déguisent pour le plaisir, pour rire. Cela est une chose. D'autres personnes le font parce que c'est un besoin. Ils ont besoin de se travestir, c'est-à-dire d'adopter les caractéristiques vestimentaires et physiques du sexe opposé.

– On en voit beaucoup à la Gay-Pride.

– Tu as raison. Il y a un troisième cas de figure. Il existe en effet des personnes homosexuelles gays qui s'habillent aussi en femme et des lesbiennes en homme pour contester ce que les usages sociaux assignent comme rôle aux sexes. Leur travestissement relève d'une volonté politique de contestation des stéréotypes sexistes. De plus en plus d'hommes et de femmes revendiquent, indépendamment de leur orientation sexuelle, la possibilité d'adopter des comportements que la tradition réserve à l'autre sexe.

– Est-ce que ça a à voir avec changer de sexe ?

– Non. Nous sommes jusqu'à présent au niveau des attitudes et des comportements. Vouloir changer de sexe est d'une autre nature. Il s'agit de la situation d'une personne qui est dans une enveloppe corporelle qui ne correspond pas à ses sentiments, sa manière de penser, ce qu'il ressent être au fond de lui. Il est homme mais pense être une femme. Elle est femme, mais pense être un homme. On pourrait dire plus simplement que l'emballage ne correspond pas avec le produit, c'est-à-dire la personne et sa psychologie. Ces individus vivent alors un profond décalage qui peut provoquer beaucoup de désarroi. Un long cheminement intellectuel en amène certains à changer radicalement de sexe après avoir subi une intervention chirurgicale. Cela n'a rien à voir avec l'homosexualité qui est de l'ordre de l'orientation sexuelle, ni avec le travestissement qui est une question d'envie. C'est avant tout une affaire de personnalité. Les transsexuels revendiquent depuis peu une égalité de droits car ils sont injustement marginalisés. Ils ont encore beaucoup à nous apprendre, et nous avons beaucoup à leur apporter.

- Et pour les femmes, je veux dire les femmes homosexuelles, c'est également difficile...

- Oui. Elles sont victimes de ce que l'on nomme la lesbophobie. C'est une forme particulière d'homophobie à l'encontre des femmes homosexuelles. Lesquelles préfèrent l'emploi du terme de lesbienne. Celui-ci leur permet d'exister, car la société et ses médias lui dénient toute existence. On parle beaucoup des gays, fort peu des lesbiennes. Ce déni d'existence s'explique, en fait, par la double oppression ou discrimination dont elles sont victimes. Etant femme, la lesbienne subit la domination masculine et la discrimination sociale et professionnelle afférentes ; étant homosexuelle, elle est minoritaire et victime de rejet par certaines féministes et une population qui considère les « amours saphiques » pour mineures, inachevées. La lesbienne dérange notre société fondée sur le rôle fondamental attribué à la femme : celui de mère, reproductrice de l'espèce humaine. Une femme n'existant vraiment que dans l'enfantement. Les lesbiennes luttent à la fois contre l'inégalité entre les sexes et les sexualités...

- L' homophobie, c'est aussi du racisme, alors ?

- Etre homophobe, c'est rejeter un certain autre dont la sexualité est différente. Comme être raciste, c'est rejeter un autre appartenant soi-disant à une autre race. Le point commun, c'est le rejet. En cela, on peut parler d'une forme de racisme et d' exclusion fondés sur l'apparence, les stéréotypes et des préjugés tenaces.

- Ca veut dire quoi des préjugés tenaces ?

- Ce sont des préjugés solidement ancrés dans la pensée des gens.

– Et tout le monde a les mêmes préjugés ?

– Non. Cela dépend de l'environnement social et culturel des gens. Ce n'est pas une approche instinctive, naturelle qui fonde notre rapport aux choses, nos idées toutes faites. Nos comportements, nos postures morales se développent au contact de notre milieu d'origine, de notre éducation familiale et scolaire. C'est une élaboration, une lente réflexion. La famille et l'école participent à l'apprentissage de la réflexion. Nous apprenons à raisonner et découvrir le monde, à vivre ensemble. Nous apprenons que nous ne sommes pas seuls au monde, qu'il existe d'autres peuples, d'autres personnes qui sont différentes par leurs traditions, leurs croyances, leurs façons de vivre et puis d'aimer. Mais aussi respectables que nous. Dès l'école maternelle, les élèves apprennent à vivre avec des enfants, différents d'eux, qui n'ont pas la même couleur de peau, qui n'aiment pas les mêmes choses, qui ne jouent pas aux mêmes jeux. Ils ont peut-être des parents homosexuels. Mais tous ensemble, ils participent aux mêmes activités, ils finissent par s'entendre sans difficultés, sans bagarres...

– Justement, ça ne marche pas toujours ! L'éducation peut-elle pas aussi rendre raciste ?

– Tu as raison. On ne naît pas raciste, on le devient. De même on ne naît pas homophobe, ni hétérosexiste. On le devient. Existe t-il une bonne ou une mauvaise éducation ? Les préjugés, dépendent-ils de celui qui éduque à l'école ou à la maison ? Je n'ai pas de réponse toute faite. Mais, je sais que si l'animal n'a pas de sentiments préétablis, l'être humain a ce qu'on appelle des préjugés.

– C'est quoi exactement, des préjugés?

– C'est juger avant de savoir. On juge les autres avant de les connaître. On pense savoir d'avance ce qu'ils sont ou ce qu'ils valent. Bref on préjuge.

– Une insulte, est-ce que c'est un préjugé ?

– C'est parce qu'une personne a des préjugés qu'elle insultera quelqu'un qui est ou lui apparaît homosexuel.

– Mais celui qui a des préjugés et qui se trompe, peut-il s'en rendre compte ?

– Il admettra rarement ses erreurs. Pourtant, il se trompe. Il se fait de fausses idées. Ses peurs viennent de là. Elles provoquent de l'agressivité. Il se sent menacé et il attaque comme un chien-loup qui, instinctivement, attaque par peur d'une personne qu'il ne connaît pas. L'homophobe est toujours très agressif. C'est l'ignorance qui alimente sa peur. Il se dit : « je ne sais pas qui est cet homme (qui aime les hommes) et qui m'est étranger. Je suis inquiet devant cette femme (qui aime les femmes). Elle m'est étrangère. Ils appartiennent à des milieux exogènes. Ils sont en dehors de mon monde commun, et eux non plus ne me connaissent pas ». Il adopte alors tout ce qu'on peut colporter sur leur compte. Par contre, si l'on rencontre des personnes qui font peur, que l'on n'ignore plus ce qu'elles sont, que l'on mange ensemble, que l'on partage des discussions et des rires, on se connaîtra mieux. Dès lors, la crainte disparaîtra.

– Donc pour lutter contre l'hétérosexisme et l'homophobie, il faut s'inviter les uns les autres !

– En quelque sorte. Tu as une bonne idée. Il faut apprendre à se connaître, à se parler, à rire ensemble, à montrer que nous avons les mêmes préoccupations, les mêmes problèmes et les mêmes joies. Cela pourrait faire reculer l'hétérosexisme, cette espèce de racisme à l'encontre des homosexuels. Déjà, Montaigne poussait ses compatriotes à voyager pour observer les différences. La planète des homosexualités nous est proche. Nous pourrions aisément aller à leur rencontre.

– Tu crois que je peux rejeter les homosexuels, moi aussi en avoir peur ?

– C'est possible. Il vaut mieux savoir les mécanismes de l'homophobie et s'empêcher de tomber dans le piège. Il faut accepter que tout enfant, une fois adulte, soit susceptible un jour ou l'autre d'avoir des sentiments puis un comportement de rejet à l'égard d'une personne qui ne lui a strictement rien fait mais qui est différente. Cela arrive souvent. Chacun d'entre nous peut avoir un jour un mauvais geste, un mauvais sentiment. Il peut se moquer, il peut insulter, il peut être agressif. L'essentiel est d'y réfléchir, de se renseigner, d'adopter une attitude ouverte et non repliée sur soi-même. Souvent, on condamne les autres dans leur différence lorsqu'on est malheureux, mal dans sa peau. On rejette alors la faute sur les autres, les gens différents. Ainsi naît le racisme, et les racistes. Tu sais, il est essentiel que les enfants d'aujourd'hui ne deviennent pas les racistes (ou les homophobes) de demain...

– Mais pourquoi donc être agressif ?

– Parce qu'on est agacé par un être qui ne nous est pas familier. On pense souvent qu'on est mieux que lui. On a souvent un sentiment de supériorité par rapport à lui. Parfois, un sentiment d'infériorité. Aussi, on le rejette, on ne veut pas de lui comme voisin et bien sûr encore moins comme ami. Simplement parce qu'il s'agit d'une personne différente. Dans les cas extrêmes, on supporte si peu la différence d'une personne qu'on peut la tuer ou l'exterminer.

– C'est affreux, ce que tu dis. Tu parles d'extermination...

– Malheureusement, c'est déjà arrivé – il y a cinquante ans – dans les camps de concentration. Des gens ont été pris dans des rafles simplement parce qu'ils étaient différents : juifs, tziganes ou homosexuels. Hitler voulut qu'ils soient exterminés, le moyen le plus radical d'en finir avec ce qui est différent.

– Quelle horreur !

– Oui, on voudrait que cela ne se reproduise plus. Mais le genre humain est toujours plus facilement tenté de renouer avec ses vieux démons, que de se donner les moyens de réfléchir et comprendre.

– Je ne comprends pas bien.

– Disons plus simplement que les gens préfèrent d'emblée se disputer avec autrui que dialoguer ou « développer une attitude respectueuse et compréhensive » en cas de différends face à une personne différente.

– Différent, c'est quoi exactement ?

– La différence, c'est le contraire de la ressemblance. C'est le contraire de ce qui est identique. La première différence qui se manifeste est celle du sexe. Un homme n'est pas une femme et inversement. La couleur de la peau est une différence. Des personnes qui parlent une autre langue, qui cuisinent autrement, qui ont d'autres coutumes, d'autres habitudes de vie, d'autres façons de s'habiller, de faire la fête ou qui ont une autre orientation amoureuse représentent quelque chose de différent. La différence est rarement majoritaire. Sinon cela devient une ressemblance.

– Je ne comprends pas.

– Et bien, imagine un pays où tout le monde serait « homo » ; les gens différents seraient les « hétéros »...

– C'est donc relatif !

– Tout à fait. La différence sur la question des mœurs est une notion variable selon les époques. C'est la norme sociale, les valeurs d'une société qui établissent des distinctions...

SCENE 3 – LES HOMMES PEUVENT-ILS AVOIR DES ENFANTS ?

Le jour où j'ai demandé à Mademoiselle Druche, ma maîtresse d'école, comment s'aiment deux hommes, elle est devenue rouge pivoine. J'ai craint l'arrêt cardiaque. Je fus convoqué dans le bureau du directeur qui entendit avec quelques effarements les réponses à ses questions. Il était très curieux. Un peu trop à mon goût. Il me conseilla d'éviter de poser certaines questions embarrassantes à Madame Druche. Elle n'était pas préparée. Ca, je m'en doutais : elle était vieille fille et hormis les leçons, elle ne devait pas s'être préparée à grand chose d'autre. Notre vie à nous trois intriguait beaucoup monsieur le directeur. Il voulait savoir ce que nous faisions le dimanche. Je lui proposais de venir manger à la maison. Papa et Hervé seraient très heureux. On parlerait des choses de la vie. Il se récria en arguant que l'école lui donnait trop de travail et s'embrouilla dans d'autres explications qui me parurent bien obscures et que je n'écoutais plus. (...) Je brisai de nouveau la quiétude du cours en demandant à Mademoiselle Druche : « Mais, les hommes, peuvent-ils avoir des enfants ? » Elle répondit après une toux nerveuse, un retroussement du nez, et d'autres tics qu'elle nous infligeait chaque jour avant de se mettre le petit doigt dans l'oreille et le tourner délicatement. « Si, Jérôme, ils ont des enfants, la maman les porte ; puis ils deviennent papas après la naissance ». Décidément ma maîtresse d'école me prenait pour un idiot fini. « Mais maîtresse, je veux dire, est-ce qu'un homme peut avoir un enfant sans une maman... est-ce qu'il peut être enceinte, j'veux dire vous savez... les hommes entre eux... les normo-sexuels. Maman m'en a parlé ». Là, j'en avais trop dit, une fois de plus. Mademoiselle Druche se rassit immédiatement, tira de sa poche un large mouchoir immaculé et épongea son auguste front. Elle était livide, elle tenta de parler. Je vis ses lèvres remuer mais pas un mot ne sortit. Elle bredouilla un certain : « mon petit, je ne crois pas que l'homme enceint soit une chose possible ». Puis elle respira profondément. Comme elle était blanche Mademoiselle Druche ! Plus blanche que sa craie. Elle ajouta la voix toujours aussi défaite : « Nous en reparlerons... ». Elle fut sauvée par le gong. (...) L'autre jour à la cantine, il y a eu une explosion de purée à la table des surveillants. Tous les copains étaient stupéfaits, la scène était incroyablement drôle. J'en ai éclaté de rire. Le problème c'est que je fus le seul à me tordre le ventre. Mon procès fut vite fait, j'étais le responsable désigné du massacre alimentaire et du crime de lèse-autorité. J'entendis l'un des surveillants persifler : « de toute façon avec un zigoto comme lui, on peut s'attendre à tout, va savoir ce qu'il fait chez lui, c'qui se passe dans sa famille... » Ma colère commençait à gronder. « Tu rigoles parce que tu es content du bel effet que t'as produit, petit morveux ! ». Je devins furieux. Un autre ajouta : « Si tu crois qu'on va à l'école t'appliquer aussi un régime spécial... » Je répondis que j'allais en parler à mes papas et qu'ils allaient me défendre de l'injustice... et je sortais, l'air triomphant, de la cantine, heureux que mes deux papas puissent m'avoir pour enfant. Je me sentais plus fort. Je savais que tôt ou tard, on allait m'envier !

– C'est quoi les mécanismes de l'homophobie ?

– Au commencement, il y a les phrases toutes faites, des rumeurs, les idées que véhiculent des publicités, des films, des nouvelles dans la presse, des contes et légendes... Cela fabrique des préjugés à l'égard de tel ou tel groupe humain. Et il y en a plein : les Corses sont considérés comme paresseux, les Auvergnats sont pingres, les Allemands sont rigides, les Italiens ne pensent qu'à chanter, les Arabes sont des voleurs, les Juifs ne pensent qu'à l'argent, les Britanniques sont froids. On dit que les Noirs sont robustes, gourmands et malpropres. Les Asiatiques ajouteront que les Noirs sont des sauvages. On dit que les Chinois sont petits, égoïstes et cruels. Des Noirs diront aussi que les Blancs ont une drôle d'odeur. Tu vois ma liste est très longue. Ensuite, tout cela aboutit à des comportements intolérants : la ségrégation, la marginalisation, la discrimination...

– Dis donc, ça devient trop compliqué !

– Tu sais cependant ce que c'est se moquer.

– On dit des trucs pour rire...

– Des trucs qui ne paraissent pas bien méchants mais qui peuvent blesser les personnes malgré tout, même si derrière les propos, ce ne sont que de franches rigolades. Il est des moqueries qui ridiculisent la personne ou les font passer pour ce qu'elles ne sont pas.

– Et c'est lié aux stéréotypes, ça aussi ?

– Bien sûr, les stéréotypes sont souvent le creuset des moqueries qui s'appuyent sur un ensemble de caractéristiques d'ordinaire négatives. Ils font aussi le jeu des discriminations qui sont privations d'avantages sociaux ou le fait d'exclure certaines ou certains d'activités sociales pour des motifs tenant essentiellement à des préjugés. Le pire pour une personne que l'on écarte est de subir un comportement qui lui signifie qu'elle n'est pas présente ou n'existe pas au sein d'un groupe humain. On refuse de lui parler ou de la reconnaître comme telle qu'elle est. Et cela arrive à certains hommes ou femmes homosexuels qui sont sortis du placard (en anglais « qui ont fait leur coming out »).

– Cela doit être dur. On doit avoir l'impression de ne plus exister du tout.

– Tout à fait. Cela s'accompagne aussi de brimades qui intimident ou humilient l'individu afin qu'il se résigne à sa place, à son statut ou qu'il quitte un groupe constitué qui ne veut pas de lui. C'est une forme d'exclusion larvée propre à l'homophobie rampante, celle qui s'avance sournoisement, à visage caché. Lorsque le rejet de l'autre est sans ambiguïté, l'individu n'est pas seulement marginalisé, c'est-à-dire mis de côté, mais aussi victime de ségrégation. Les Noirs américains ou d'Afrique du sud subirent cette maltraitance psychologique qui consiste à séparer le groupe dénigré de la communauté générale. Globalement, l'individu ressent de grandes difficultés à respecter, reconnaître et côtoyer ce qui lui est radicalement étranger ; qu'il s'agisse de mentalités, de croyances, de comportements (dont le comportement sexuel) différents.

– Donc l'homophobe n'aime pas les comportements sexuels !

– Non pas tout à fait. Il n'a rien contre la sexualité la plus classique. Mais celle que l'on considère comme plutôt moins répandue, l'homosexualité, il ne sait ou ne peut la tolérer.

– Mais est-il aussi un raciste ?

– Pas forcément, il peut admettre les mariages mixtes mais refuser l'union de couples de même sexe ; il peut saluer le mariage d'une fille avec un Asiatique mais s'opposer à l'alliance de son fils avec un autre homme qui serait asiatique.

– Tout cela n'est que des sottises ?

– Oui, des sottises qu'il faut combattre !

– Mais comment les combattre ?

– D'abord en apprenant à respecter. Le respect est essentiel. Tu sais, les gens ne réclament pas qu'on les aime mais qu'on les respecte dans leur dignité d'être humain. Respecter l'autre c'est avoir de l'égard pour lui, c'est le considérer. C'est savoir l'écouter et échanger avec lui. Les personnes homosexuelles demandent à être respectées.

- On se fait alors des copains...
- L'amitié peut naître après parce qu'on se connaît mieux et qu'on s'apprécie mutuellement. Pour cela, il ne faut avoir aucun jugement décidé par avance.
- Comment échapper aux préjugés s'ils sont partout : dans les livres, les journaux, à la télé ?
- En évitant de généraliser tous les cas individuels quels qu'ils soient. Le raciste comme l'homophobe est celui qui généralise à partir d'un cas particulier. S'il est volé par un Arabe, il conclut que tous les Arabes sont des voleurs. Ainsi si un homosexuel est un pédophile avéré, nombreux concluent que tous les homosexuels sont de dangereux pédophiles.
- C'est quoi un pédophile ?
- Un pédophile est un homme, un adulte, qui cherche à avoir des relations sexuelles avec un enfant, une fille ou un garçon, qu'il contraint. C'est bien sûr un comportement anormal où l'abus sexuel de l'enfant est un vrai viol. C'est un acte criminel dont l'enfant est la victime et que la loi condamne fermement. Il ne faut pas confondre avec le mot « pédéraste » qui porte sur les relations sexuelles entre un jeune pubère et un adulte. La pédérastie est cependant également interdite par la loi. Un adulte ne pouvant avoir de relations sexuelles avec un mineur avant l'âge de sa majorité sexuelle qui est de 15 ans pour les relations homosexuelles et hétérosexuelles. La pédérastie était un art d'aimer pour l'antiquité grecque. On a déformé l'expression pour l'appliquer à tort à tous les homosexuels masculins, en référence à cette époque.
- Est-ce qu'on peut dire pédé ?
- C'est une insulte. Il vaudrait mieux éviter d'appeler comme cela les homosexuels masculins même s'ils l'ont reprise à leur compte et s'appellent ainsi entre eux par humour et stratégie politique afin de désamorcer ces deux syllabes infamantes pour la majeure partie de la population et en faire une fierté.
- On peut être fier d'être pédé ?

69

– Pourquoi pas ? Faudrait-il avoir honte d'aimer, ma chérie ? C'est d'abord une question d'amour. Juste cela. Juste une question d'amour !

– Et si je vois quelqu'un traiter un garçon de « pédé » ?

– Ou une fille de « gouine »...

– Justement qu'est-ce que je dois dire ? Si je vois un copain ou une copine traiter un autre de « pédé » ou « gouine », dis Papa, qu'est-ce que je dois faire ?

– Tu dois d'abord demander au copain s'il sait ce que cela veut dire. Beaucoup de jeunes ne connaissent pas toujours la signification de telles injures. Il faut les faire parler, qu'ils précisent ce que cela représente pour eux et pourquoi ils ont dit cela à l'encontre de l'un de leurs camarades. Il faut ensuite leur expliquer les termes employés et leur portée. Il faut leur démontrer que ces insultes blessent ceux auxquels elles sont adressées mais encore qu'elles stigmatisent une population. Il est important d'expliciter qu'il est préférable d'utiliser tant qu'à faire un terme plus neutre, moins fort, comme « bouffon » ou « idiot ». Le terme « pédé » insulte toute une communauté de personnes qui s'aiment. Il est bon de rappeler que l'amour homosexuel vaut l'amour hétérosexuel.

– Mais, c'est nul d'insulter, de toute façon...

– Bien sûr et il faut aussi l'expliquer. Il faut bien signifier que c'est une insulte de type « raciste », qui blesse l'identité de la personne. Cela revient à la même chose que de traiter un individu de sale Blanc ou sale Nègre.

– Mais si on dit « pédé », et que personne autour de nous n'est concerné, car personne ne l'est...

– Ca ne change rien. Imagine que tu sois entre Français de souche et que parlant des Arabes, tu dises les « bougnoules »... cela relève du propos raciste. C'est la même chose...

– Pourtant, les homosexuels, ce n'est pas comme les gens de couleurs ou les personnes issues de pays différents.

– Dans un sens, oui. Mais de toute façon, cela exprime le rejet d'une différence. C'est attaquer une personne en entier, lui refuser le droit d'être ce qu'elle est. C'est la blesser dans quelque chose de très profond et très intime : l'amour. Et l'identité, le psychisme... C'est stupide. Reproche t-on à un gaucher d'écrire de la main gauche et non de la droite comme la majorité des gens ? Même si l'homosexualité n'est a priori pas visible, n'est pas aussi identifiable comme la couleur de peau, un gai ou une lesbienne peut te côtoyer sans que tu le saches...

– Dire à quelqu'un qu'il est homosexuel, est-ce insultant ?

– Non, ce n'est pas une insulte. Dans la bouche de certaines personnes, ce terme revêt néanmoins de l'horreur, du mépris et de la pitié. En revanche, de plus en plus de gens considèrent sereinement l'homosexualité. Ce n'est pour eux ni une honte, ni une tare. De même, de plus en plus d'hommes et de femmes homosexuels n'ont plus peur de se dire tels qu'ils sont. Ils en sont fiers sans pour autant s'imaginer meilleurs que les autres.

– Et les femmes ?

– Elles préfèrent se dire lesbiennes. Elles existent ainsi davantage. L'homosexualité masculine ne leur fait pas alors écran. Nombre de femmes ne veulent plus être englobées dans les termes masculins collectifs. Cela leur permet, du reste, de mieux souligner leur identité, leur vécu différent de l'expérience des hommes homosexuels.

– Est-ce qu'ils préfèrent qu'on les appelle « gais » ?

– C'est possible. C'est un mot d'origine américaine qui suggère une idée positive de l'homosexualité. C'est une expression qui dit que le fait d'être homosexuel peut être considéré de manière extrêmement heureuse.

SCENE 4 – FILS DE PEDE

De retour à l'école, les copains me regardèrent avec des yeux moqueurs, un bon nombre évitait de jouer avec moi. L'un d'eux commença à ricaner ouvertement. J'étais moins à l'aise et me méfiais des autres. Je me mis à frôler les murs. J'étais de plus en plus triste. Papa et Hervé s'en rendirent compte. Ils n'acceptaient pas que je puisse devenir un bouc-émissaire. Ils intercédèrent auprès de Monsieur le Directeur et de Mademoiselle Druche. Il faut dire qu'ils forcèrent carrément le bureau pour se faire entendre et en bloquèrent toutes les issues afin d'obtenir justice. Je ne sais pas exactement ce qu'ils dirent, mais on me laissa en paix du jour au lendemain. Ca allait déjà mieux mais j'avais perdu ma spontanéité. Je faisais attention à ce que je disais. Les copains me boudèrent encore un peu. Mais je décidai de ne pas désarmer et ne laisser rien paraître de ma déception. Je confiais de nouveau mes soucis à Hervé qui m'encourageait gentiment. (...) Malheureusement, j'eus la malchance de tomber un matin, alors que je portais un pli d'une classe à l'autre (un genre de travail de larbin que nous sommes plusieurs à nous disputer...), devant le surveillant des interclasses qui roulait un patin d'enfer à une maîtresse qui avait, vu l'heure, déserté sa classe ou collé une punition à l'ensemble des élèves. Mais quoi de plus naturel qu'une heureuse et longue embrassade, sauf que les deux étaient mariés et que le baiser du siècle devait rester encore secret avant d'apparaître dans le « Livre des Records ». Le surveillant fut très courroucé et me regarda d'un oeil torve avant de lancer : « Eh, espèce de morveux, t'as rien vu et t'as rien à dire... hein... sinon attention à toi... espèce de fils de pédé... tu t'tais ! Compris ? » A mesure qu'il parlait, sa colère montait d'un cran. Je filai sans attendre mon reste. J'avais cependant à l'esprit cette insulte. Je tremblais en y repensant. Ca me faisait très mal, je ne comprenais pas bien ce qui m'arrivait. Mademoiselle Druche s'aperçut que j'allais mal. C'est dire ! Mademoiselle Druche avait bien dit que ce mot était une insulte grave. Et contre des gens que j'aimais tant. Mes parents. Devant ma pâleur, on appela Papa pour qu'il vienne me chercher. Hervé se mit dans une colère noire lorsqu'il apprit le pot aux roses. Et je tremblais encore plus devant la suite des événements. Ce fut un choc de voir Hervé, venu m'attendre à la sortie, castagner le surveillant comme sur un ring. Des enfants criaient, des gamins piaillaient de joie, certains tenaient des paris, des parents tentèrent en vain de les séparer. Monsieur le Directeur menaça d'appeler la police, Mademoiselle Druche étouffa un cri. Les coups de poing volaient. Lorsque Hervé réussit à plaquer et maintenir le surveillant au sol, lequel finit à bout de souffle par s'excuser, le nez en sang, je courus l'embrasser et le féliciter. J'étais fou de joie. Hervé devint un héros à l'école. Un héros pour mes camarades de classe. Quelle n'était pas ma chance de vivre avec un tel champion !(...) Hervé avait raison. On m'enviait. Tout le monde n'avait pas deux papas. J'en étais fier et avais envie de le crier à tout le monde. Même à Fred, l'aide-éducateur de notre atelier d'éducation à la citoyenneté qu'il encadrait. Fred nous montrait ce jour-là, une bande-dessinée qui présentait des scènes racistes à la chaîne avec des gags amusants. C'est ainsi qu'un gros monsieur dit à un Noir de se dépêcher car il va rater son charter pour le retour au pays, lequel croisant des chômeurs les trouve vraiment fainéants. Ces derniers font des remarques sexistes sur une femme qui passe, la traitant comme un objet, laquelle trouve culotté le couple gay qui affiche son bonheur avec un sourire béat, main dans la main. Ces derniers critiquent l'habillement d'une femme maghrébine qui selon eux devrait faire des efforts pour s'adapter. Laquelle pense que le gros monsieur devrait impérativement suivre un régime... [1] Les élèves devant dessiner des affiches

---

[1] D'après la brochure éditée par la Commission Européenne: « Moi raciste?! », Communautés européennes, 1998.

sur la thématique, je m'emparai des feutres et avec un malin plaisir j'eus l'idée d'esquisser une scène – moins pour choquer ma maîtresse – même si j'imagine déjà sa réaction légèrement critique et quelque peu irritée de par mon audace – que pour crier ma colère et dire ma vérité : que l'on peut aimer qui on veut. Je dessinais donc un vilain bonhomme qui lançait des insultes homophobes à la tête de l'un des deux hommes qui se tenaient la main sur le trottoir, avec des milliers de cœurs s'échappant en spirale de leurs lèvres, et une autre scène où une dame épouvantée par ce flagrant rejet appelait la police qui allait courir à leur secours et réparer cette violence verbale. Le vilain monsieur devait payer sur le champ une forte amende. J'écrivais en légende : « non à l'homophobie ». Hervé m'avait expliqué la veille que la violence verbale valait la violence physique, qu'il s'agissait dans les deux cas de violence que, seule, la loi pouvait combattre, qu'il fallait criminaliser les propos homophobes. Je me voyais expliquer tout cela à la brave Mademoiselle Druche: sa moue serait désapprobatrice et elle lancerait un regard exaspéré immédiatement nuancé par le large sourire de la maîtresse satisfaite par le devoir accompli par le bon élève qui a tout compris et dont la réponse, si peu banale soit-elle, voire provocante, s'inscrit complètement dans les attendus de la démarche éducative. Mademoiselle Druche était toute en nuances. (...) Hier, mademoiselle Druche nous a expliqué que monsieur le ministre de l'Education a écrit aux enseignants pour leur dire d'expliquer aux enfants que le mot « pédé » est une insulte désobligeante que nous ne devons pas employer à l'égard de nos camarades. Il est inconvenant de prononcer des réflexions moqueuses à l'encontre d'un garçon du genre : « t'as vu sa démarche, comment il est fringué, il est toujours avec les filles, c'est un pédé ». Notre maîtresse nous expliqua patiemment que si certaines expressions, certaines idées sont courantes, elles ne sont pas pour autant justifiées et anodines. Elles n'en sont pas moins, nous disait-elle, l'expression d'une violence verbale, sexiste et sexuelle, qui signe l'exclusion des personnes homosexuelles qui méritent tout autant de respect que les personnes hétérosexuelles. Ces habitudes de parler sont liées à une représentation stéréotypée de l'homme et de la femme, de la masculinité et de la féminité. Mademoiselle Druche nous interrogea : « croyez-vous qu'on peut utiliser l'attitude de quelqu'un ou bien son apparence pour dire ce qu'il est ? » Sans attendre réponse, elle enchaîna : « penser comme cela reviendrait à enfermer les garçons et les filles dans des rôles et images traditionnels ». Mademoiselle Druche conclut, solennel-lement devant son auditoire endormi, par ces mots magistraux : « La liberté, le respect et l'acceptation des différences quelles qu'elles soient sont les principes essentiels qui fondent la République, telle que nous l'avons étudiée en éducation civique. Il convient à ce titre de respecter les orientations sexuelles de chacun et chacune »[2]. Une petite voix se fit brutalement entendre : « M'tresse, c'est quoi une orientation sexuelle ? » Mademoiselle Druche serra les dents.

– Mais pourquoi y a t-il des gens racistes ou intolérants ?

– Le raciste est celui qui pense que tous ceux qui sont trop différents de lui, le menacent dans sa tranquillité. Il ne tolère donc pas la diversité du monde. Ce sont des individus qui craignent la perte d'une identité, d'une suprématie, d'une essence...

– Et, a-t-il peur l'homophobe ?

– L'être humain a besoin de se rassurer. Il n'aime pas trop tout ce qui risque de le déranger dans ses certitudes. Il a une profonde tendance à se méfier de ce qui est nouveau. Ce qui l'empêche d'apprécier la diversité de notre monde actuel. On a toujours peur de ce qu'on ne connaît pas, sauf les vrais héros. On a peur dans l'obscurité : que pourrait-il nous arriver lorsque les lumières sont éteintes ? On a peur dans une ville étrangère : comment ne pas se perdre et retrouver son chemin lorsqu'on ne connaît pas la langue du pays ?

---

[2] D'après les recommandations du Ministère de l'Education parues dans le Bulletin Officiel de l'Education Nationale HS n°10 du 2 novembre 2000 : « A l'école, au collège et au lycée: de la mixité à l'égalité ».

– Donc on a peur devant les homosexuels comme si on était dans une ville étrangère ?

– Presque. On se dit : « Ne vont-ils pas nous amener à devenir aussi homosexuels ? » Tout cela est fantasme. Ce ne sont pas des pensées objectives. Devant l'inconnu, on se sent sans défense. On imagine des choses qu'on pressent terribles, sans raison apparente. Rien ne justifie la peur et pourtant on a peur. C'est plus fort que nous. La croyance au danger est telle qu'on a beau se raisonner, la peur l'emporte. L'exclusion, l'intolérance, le rejet homophobe ne sont pas raisonnables.

– Les hommes pourraient facilement tomber amoureux entre eux...

– Certes pas tous. C'est la crainte populaire. Je t'ai expliqué que l'homme a peur d'être homosexuel. Il a peur d'être attiré par des gens de son propre sexe, d'où sa violence pour s'en éloigner. C'est un mécanisme lié au désir. Sa violence homophobe est plus ou moins une protection contre des penchants amoureux plus forts que lui, inconscients, qu'il rejette parce qu'on lui a dit depuis sa petite enfance que les homosexuels sont anormaux, dangereux, sournois, et aussi qu'ils attirent des jeunes gens vers eux.

– C'est vrai cela, ils les attirent vraiment ?

– C'est encore une idée fausse. Les homosexuels ne recrutent pas les jeunes gens. Les gens ne sont pas homosexuels comme ça. Ce n'est pas une mode. Ce n'est pas un jeu. On ne joue pas à se faire homosexuel comme les voisins. On l'est ou on ne l'est pas. Si l'on est vraiment forcé, alors là, c'est un viol condamné par la loi !

– Dis papa, la diversité du monde, ça ne veut pas dire grand-chose. C'est évident, tout est divers !

– Oui c'est évident. Mais pas pour tout le monde. Il est des personnages dans l'histoire comme Hitler, plus récemment Milosevic, qui ne veulent pas que diverses communautés de personnes résident sur un même territoire. Il y a également les boucs émissaires ; c'est-à-dire des personnes sur lesquelles on fait passer toute notre colère. On les rend injustement coupables de tout. C'est toujours de leur faute lorsque quelque chose ne va pas. On les accuse d'emblée. Un homosexuel dans un quartier ou encore un enfant dont les parents sont homosexuels dans la cour de récréation à l'école, le jeune homosexuel ou identifié comme homosexuel dans un collège ou celui qui ne s'en cache pas sont des boucs émissaires potentiels. Je pense à ces jeunes qui subissent des brimades dans les collèges et les lycées et à l'assassinat du jeune étudiant Matthew Sheaperd aux États-Unis.

- C'est affreux. Ces gens n'aiment pas les autres, dis-moi ?
- Du moins ceux qui ne leur ressemblent pas.
- La personne homophobe, est-ce qu'elle aime l'amour ?
- Bien sûr, elle apprécie les choses de l'amour. Elle pense tout à fait normal de tomber amoureux et vivre amoureusement avec quelqu'un. Mais pas n'importe qui. Aimer une personne de son sexe n'est pas une bonne chose pour elle. Pourtant l'amour est le sentiment le plus noble qui existe sur terre et elle le pense aussi !
- Mais d'après ce que tu me dis, l'homosexualité, ce n'est qu'une question d'amour...
- Je vois que tu comprends bien ce que je viens de te dire, malheureusement pour certains il s'agit d'amour bestial, anormal, intolérable.
- Est-ce que c'est vraiment anormal ?
- Nous savons que cela est faux, si des hommes ou des femmes tombent amoureux de personnes du même sexe, cela est donc de l'ordre du possible, ça n'a rien d'antinaturel ! La nature ne l'empêche pas...
- Alors pourquoi la personne homophobe fait-elle tant de différence ?
- Tu touches le problème principal. Cette personne a une conception toute particulière du monde qui lui fait juger le bien du mal, la norme de l'anormal, le naturel de l'antinaturel. Concernant les sentiments moraux, c'est pareil !
- Mais, est-ce que c'est une raison pour déclencher des manifestations comme nous l'avons vu à la télé ?

— Il y a toujours des manifestations qui expriment le refus de l'autre par racisme et hétérosexisme. Elles sont souvent des manifestations violentes avec des leaders qui hurlent des choses fausses. Ils font aussi des menaces explicites du genre « les pédés au bûcher » ou bien hurlent : « pas d'enfants pour les tantouses ». Ca vaut bien les slogans du genre « les étrangers au pays »...

— Ils n'ont pas autre chose à faire que de dire du mal, dis-moi ?

— Ces gens communiquent leur haine de la différence amoureuse en public et au public. Ce sont souvent les mêmes qui nient les mariages mixtes, insultent les immigrés ou relancent les débats sur l'avortement et le droit des femmes à disposer librement de leur corps. Ils ne communiquent toujours aux gens mal informés que des affirmations qui sont fausses afin qu'ils aient peur. Ils exploitent la crainte, parfois réelle, des gens. Ils sont très forts en manipulation.

— Mais ils disent quoi d'autre ?

— Ils répètent que les personnes homosexuelles sont des gens anormaux, incomplets, qu'ils vivent des sentiments contre-nature. Ils affirment que les homosexuels n'ont pas fini de se construire. On leur prête une situation de stagnation dans l'évolution dite normale du psychisme. On leur reproche un narcissisme, une incapacité affective et une non-reconnaissance de l'altérité. Un manque de confrontation avec le monde féminin. Ils affirment aussi qu'ils sont dangereux, qu'ils vont rendre homosexuels tous les jeunes. Bref, ils clament que ce sont des personnes qui n'ont rien de commun avec les « gens bien ».

— Papa, dis, comment peut-on être contaminé par l'homosexualité ?

— On peut être contaminé par le fait de tomber amoureux comme tout le monde. Et c'est la plus belle chose au monde. Un chanteur parlait de la jolie maladie d'amour. Cependant, je préfère que tu utilises le mot « influencé » que « contaminé ». Ce dernier terme est médical et fait penser à l'association homosexualité et SIDA. Lorsque le SIDA est apparu, les médias parlaient de cancer gay. Ils étaient relativement désemparés et ignorants devant cette nouvelle maladie. Mais cet abus de langage a provoqué un dangereux amalgame laissant croire que les homosexuels sont les plus concernés. De nos jours, les contaminations concernent autant les hétéros que les homos. Cependant les homosexuels sont plus exposés parce que la probabilité de rencontrer un partenaire séropositif demeure plus importante pour la population homosexuelle. Pour revenir sur l'influence, je pense que nul ne peut influer sur l'orientation sexuelle et amoureuse de quiconque parce que cela fait partie de la personnalité. Ce qu'on appelle le désir personnel.

- Tu le crois vraiment ?

- Prenons l'exemple suivant. Comment peut-on influencer un droitier vers 15 ans afin qu'il devienne gaucher ? Sa nature, c'est d'être ou droitier ou gaucher. Et l'un et l'autre se valent. Peut-on le forcer à écrire de la main gauche ? Il n'y arrivera vraisemblablement pas. De même, la nature d'un homme est homo ou hétéro. On ne peut forcer personne à l'homosexualité. On est homosexuel ou hétérosexuel. C'est pareil pour les femmes.

- Quelles sont les autres formes de rejet humain ?

- Elles sont malheureusement nombreuses. Il y a l'âgisme : c'est rejeter les vieux qui sont devenus improductifs et malades ou encore les jeunes, bien trop jeunes, également peu productifs et ce d'autant plus qu'ils pensent toujours à s'amuser, selon leurs détracteurs. C'est aussi le sexisme comme nous l'avons vu avec la femme dévalorisée ou l'anti-sémitisme, c'est-à-dire le rejet des juifs, le racisme contre les ressortissants des pays étrangers, qui s'appelle aussi la xénophobie. Il y a aussi des gens dont on se moque du seul fait de leur look. Regarde le jeune looké à l'américaine avec le jean branché, le sweat-shirt et la casquette portée à l'envers ou encore le monsieur très traditionnellement vêtu avec son costume cravate, tous deux susceptibles d'être victimes de méchants quolibets. Les gros, les chômeurs, les handicapés sont aussi victimes de formes d'exclusion. Un homosexuel peut aussi être Noir, gros et chômeur et s'avérer trois fois plus exclu, subir malheureusement le poids de plusieurs formes de

« racisme ». Chaque jour, il peut également apparaître de nouvelles formes d'exclusion de personnes qui ne correspondent pas à la mode, au goût du jour, aux choix politiques d'un régime. Il faut se méfier des régimes totalitaires qui interdisent la voix du peuple, la démocratie. Cela entraîne le risque de dérives racistes et d'exclusion jusqu'à l'apartheid ou pire jusqu'au génocide.

- L'apartheid c'est quoi ? C'est le ghetto organisé ? On dit que les homosexuels vivent dans des ghettos, c'est juste ?

- Les homosexuels vivent dans des secteurs géographiques, des quartiers où ils sont plus nombreux que dans d'autres. Là, on les laisse tranquilles. Ils perçoivent ces quartiers comme plus sécurisants pour eux. Ce n'est pas forcément un choix. Sinon celui de devoir se protéger ou mieux se retrouver entre homosexuels dans une société qui leur laisse peu de liberté d'action. Ce qu'on appelle le « ghetto homo » est le résultat d'une discrimination très grave qui exprime le refus et le rejet des homosexuels. Non la volonté profonde des personnes homosexuelles. C'est un lieu de protection contre les actes blessants que l'hostilité peut déclencher à leur encontre.

- Le ghetto, c'est une prison ?

- Le mot « ghetto » provient du nom d'un quartier de Venise, en Italie. Les juifs de Venise y furent sans cesse envoyés pour être séparés des autres communautés. Le ghetto est une forme d'enfermement. Une prison, oui. Un lieu sûr, aussi.

- Et le rejet, ça consiste exactement en quoi ?

- C'est le fait de jeter au loin, d'expulser ailleurs l'étranger. C'est aussi se fermer devant lui, ne pas ouvrir sa porte à une personne étrangère que l'on trouve singulière. Par crainte, par ignorance et par égoïsme. Si d'aventure, la personne qui frappe à la porte insiste, on lui ouvre. Mais il ne lui est pas permis de rester. Son séjour sera très temporaire, la rencontre entre des individus différents manquée. Le besoin de se protéger, le repli sur un monde connu, en un champ délimité l'emporte. L'ignorance contribue énormément au rejet des autres...

- Et ça donne la haine ?
- Disons la méfiance naturelle qui peut engendrer la haine. Tu sais, la haine est un sentiment violent qui pousse à vouloir du mal à une personne et à se réjouir des épreuves qui lui arrive. Des rumeurs malveillantes, des ragots, des médisances et des calomnies peuvent l'attiser.
- Et le haineux, il n'aime personne ?
- C'est possible. Il arrive parfois que des gens s'aiment tellement qu'ils sont fermés aux autres et encore plus à ceux qui sont différents d'eux. Ils sont égoïstes. On dit même égocentriques.
- Il est seul alors !
- Je crois que oui. Rencontrer les autres, rencontrer les différences est pourtant une source de richesse, une espèce de beau métissage socioculturel.
- Ca veut dire quoi métissage socioculturel ? Je croyais que le métis était une personne.
- Tu as raison. Le métis est issu de l'union de deux personnes de couleur de peau différente. Cela lui donne un caractère singulier, une beauté particulière. Le métissage culturel est l'ensemble des apports de cultures différentes susceptibles de créer de fort belles choses, également.
- Pourtant, la République doit intégrer tout le monde ?
- Effectivement, la République est la cité de la diversité par excellence. Mais malheureusement, elle se fragmente car elle insère de plus en plus difficilement les populations minoritaires ou périphériques.
- Les homosexuels ont-ils une culture ? J'ai entendu dire...
- Oui. Ils ont inventé un mode de vie, une façon de se vêtir, de faire la fête que beaucoup d'hétérosexuels ont adopté ensuite. Il existe aussi une littérature qui leur est propre. Des recherches universitaires se développent. Elles ont beaucoup d'intérêt de par le regard spécifique qui est porté, leurs particularités...
- C'est quoi leurs particularités culturelles ?

– C'est justement le métissage, la transversalité, le mélange des classes sociales, le questionnement sur la sexualité, les pratiques sexuelles et les genres masculin/féminin. C'est un regard décalé, la culture gay. C'est aussi une forme d'humour, le travestissement, un goût prononcé pour les arts, le lyrisme ou la mode...

– Dis-moi, les homosexuels ont-ils les mêmes droits que les hétérosexuels ?

– En théorie, oui, surtout après l'adoption du PACS. Mais, au quotidien, il existe encore des désavantages, des inégalités. Depuis plusieurs années, on ne peut refuser un logement ou un emploi à un homosexuel. Ni licencier si jamais le patron apprend l'orientation homosexuelle de l'employé. Cependant, il existe des façons de faire, des possibilités de détournement des lois. Nous devons être vigilants pour que toutes les lois soient respectées. Certains sont victimes de harcèlement moral.

– Rencontrent-ils des difficultés pour se retrouver entre eux ?

– Plus ou moins. Contrairement à la couleur de la peau, l'homosexualité ne se voit pas. On peut l'être et personne ne le saura dans l'immeuble ou au travail. Il est alors bien difficile (parfois) de se rencontrer dans les habituels lieux publics avant tout hétérosexuels, si je puis dire. Les gays et les lesbiennes doivent s'inventer des espaces pour se parler, se voir, échanger...

– On dit pourtant qu'ils se détectent facilement entre eux...

– C'est faux. Il n'existe pas de radar de détection naturelle des gays et lesbiennes. Parier à vue d'oeil sur une orientation sexuelle est une entreprise souvent vouée à l'échec. Et si d'aventure, on tentait d'étiqueter ainsi les personnes, on verrait comme quoi on est vite victime de ses propres clichés.

– Que pensent réellement les personnes hétéros des homos ?

– Les hétérosexuels stables sont persuadés que leur sexualité est supérieure, que les homosexuels ne sont que des marginaux, voire des individus qui vivent une sexualité contre-nature. Il ne faut pas oublier que la France vota au début des années 1960 la loi Mirguet condamnant l'homosexualité comme un fléau social, c'est-à-dire une sexualité antisociale qui allait à l'encontre des objectifs de la société. Certains hétérosexuels trouvent toujours des arguments étonnants (et sans fondement), de nombreuses calomnies pour entraîner dans leur sillage l'opinion publique. Très souvent, les religions les aident dans leur tâche. Il faut dire que celles-ci posent déjà une condamnation générale sur la sexualité et le plaisir sexuel.

SCENE 5 – PARCE QUE LA TERRE EST RONDE...

— *Ah ! Dites-moi, que se passe t-il donc ?*
— *Mais, maîtresse, c'est Martin, il arrête pas de parler des homosexuels...*
Mademoiselle Druche pâlit de nouveau, comme l'autre jour, il y avait déjà bien longtemps. Cependant, les vacances d'été commençant dans trois jours, plus téméraire, elle interrogea à la cantonade :
— *Et alors, qu'est-ce qu'on en dit ?*
— *Que c'est de sales histoires de grands,* répondit Sandrine...
— *Ah bon ! Et c'est tout ?*
— *Si, il va nous contaminer,* ajouta Arnaud.
— *Et puis c'est pas normal,* clama Henri.
Je me tassais au fond de mon siège, fixant ma trousse. J'aurais aimé pouvoir m'y glisser et me cacher. Mais Mademoiselle Druche fut divine. Que lui arrivait-il donc ? Elle parla au début un peu rapidement, puis plus calmement.
— *Ecoutez bien les enfants, ce mot « homosexuel » figure dans le dictionnaire à la lettre « H ». Ensuite, il y a des gens comme cela... euh... c'est-à-dire qu'il y a des personnes qui aiment bien être avec des personnes du même sexe, qui éprouvent de l'affection, des sentiments, disons, de l'amour pour des personnes qui sont aussi comme elles, homme ou femme...*
— *M'dame,* demanda Sandrine, *il y a aussi des femmes homosexuelles, alors ?*

- Bien sûr.
- J'y crois pas. C'est pas possible, les femmes, elles font des enfants...
- Ouais, ajouta Zoé, maman m'a dit, les femmes ont tous les droits, comme les hommes ; mais elles n'ont pas le droit de faire l'amour entre elles.

Mademoiselle Druche fut stupéfaite et muette, l'espace d'un instant.
- Vous êtes surpris... mais cela existe. Il y a des hommes qui aiment des femmes, des hommes qui aiment des hommes, des femmes qui aiment des femmes...

Des ricanements jaillirent du fond de la classe. Mademoiselle Druche s'arrêta un moment. Elle réfléchissait. Son index remontait la pente de son nez droit. Elle ajouta :
- Oui, et puis il y a des hommes qui aiment les femmes et les hommes, il y a des femmes qui aiment les femmes et les hommes. On les appelle les bisexuels. À côté vous avez donc les homosexuels. Et ceux qui vont avec une personne de sexe différent s'appellent des hétérosexuels. Connaissez-vous ce dernier mot ? Recherchez-les dans vos dictionnaires.

Mademoiselle Druche écrivit en grosses lettres rondes les mots de vocabulaire qu'elle venait d'annoncer pendant que nous les cherchions dans nos petits dictionnaires respectifs. Les enfants furent très étonnés de leur découverte, de trouver dans leur dictionnaire tous ces mots. Martin lâcha :
- C'est compliqué tout ça...

Magali s'écria :
- Tiens, il y a aussi le mot « sexy », « sexe »... tous ces mots sont dans le dictionnaire. Ils sont pas interdits, m'dame ?
- Pourquoi le seraient-ils ? Ils ne sont pas non plus familiers ou vulgaires... ce sont des mots communs... vous vous souvenez de notre leçon...
- Mais est-ce qu'ils sont normaux ces homos ?
- Les hommes et les femmes homosexuels, vous savez, sont des gens comme vous et moi. Ils ne vont pas vous contaminer. Peut-être pensez-vous au SIDA... eh bien, le SIDA est une maladie qui concerne tout le monde : les hétérosexuels, les homosexuels, et les bisexuels... Et puis, croyez-vous que c'est anormal d'aimer ? Vous aussi, vous aimez... des gens, des choses, des moments...
- Papa m'a dit qu'ils s'attaquaient aux enfants...

— C'est vrai, il y a des gens qui abusent des enfants, veulent faire avec eux des choses interdites. Mais ce ne sont pas des homosexuels. On les appelle communément dans les journaux : des pédophiles. Ce sont d'eux que vous devez vous méfier et savoir dire non quand ils vous font une caresse que vous ne voulez pas...
— Mais M'tesse, comment on sait qu'on veut pas ?
— Ben, tu le sens au fond de toi, il y a une petite voix intérieure qui te dit : je ne veux pas que cette personne me caresse, me fasse un baiser ou autre chose... Il faut pas t'inquiéter, tu sauras toujours ce que tu veux ou non...
— Mais ces gens-là sont plus forts que les enfants, déclara Arnaud.
— C'est vrai, mais la Loi te protège Arnaud, tu te souviens de la leçon d'éducation civique sur les Droits de l'Enfant...
— La loi ? Mais, c'est juste des mots, déclara Sandrine. Si Arnaud a vraiment besoin d'aide...
— Eh ben, il y a tous les autres adultes, les parents et même un numéro de téléphone gratuit. Je l'apporterai demain. Je l'ai à la maison...
Fabien ajouta :
— Maman dit que les homos, c'est quand même pas normal, qu'il ne faut pas se faire influencer...
— Crois-tu, répondit la maîtresse, qu'on peut influencer les personnes comme cela. Un homosexuel, c'est par exemple un garçon qui aime bien embrasser un autre garçon ou bien être souvent en sa compagnie. Nul ne peut forcer quiconque à aimer cela. On n'est pas homosexuel pour faire comme son voisin, parce qu'on te demande de l'être. Mais parce qu'on l'est.
— Et ça s'attrape pas ?
— Non. Ce n'est pas une maladie. C'est simplement être différent. Crois-tu qu'être gaucher, avoir les yeux bleus, ou être roux avec plein de taches de rousseur sur la peau, c'est une maladie, que ça peut s'attraper ?
La classe était complètement silencieuse. L'éloquence de Mademoiselle Druche nous avait rarement autant captivés. J'étais très fier de ma maîtresse d'école. Je me retenais de lui lancer un bravo bien mérité...
— Est-ce que tout le monde aime bien les homosexuels ?

– Malheureusement non. Il existe des ennemis des homosexuels qui peuvent les insulter mais aussi les battre, les tuer. Ce sont les homophobes, des gens atteints – pourrait-on dire – d'une espèce de « maladie » dangereuse pour nos sociétés respectueuses des droits humains...
– C'est affreux, m'tresse ! Qu'est-ce qu'on peut faire ?
– Il faut leur expliquer qu'ils n'ont rien à craindre des personnes qui ont une orientation sexuelle différente de la leur.
Brutalement, Kevin posa la question à mille francs.
– M'tresse, pourquoi il y a des homosexuels ?
– Pourquoi, pourquoi... parce que c'est comme ça Kevin. On ne peut pas toujours dire : pourquoi des blancs, pourquoi des noirs, pourquoi des chinois, pourquoi des gens sont comme ci ou comme ça ? Pourquoi, pourquoi, on en finit pas... Du reste, on ne sait pas toujours quoi répondre au « pourquoi ». On ne sait pas pourquoi les homosexuels sont homosexuels. Il n'y a pas, jusqu'à présent, de théorie valable. Tu vois, on ne peut pas toujours demander « pourquoi ». Disons, là, parce que c'est comme ça. Ca existe. C'est tout !
Mathieu intervint :
– Ben, c'est comme si on demandait pourquoi la terre est ronde.
Mademoiselle Druche fut impressionnée par le bon sens de son élève. Moi aussi. Je devins son meilleur copain, très vite. Et c'est avec bonheur qu'on se retrouva à la rentrée de septembre dans la même classe en Cours Moyen.

– Tu parlais précédemment des étrangers, de l'autre étranger, c'est quoi exactement un étranger ?
– Le mot « étranger » provient du mot « étrange » qui signifie de l'extérieur, du dehors. Un étranger est donc celui qui n'appartient pas à la famille, à la tribu ou à un groupe d'individus ayant des caractéristiques communes. C'est

aussi quelqu'un qui vient d'un autre pays. Les homos, s'ils ne viennent pas d'un autre pays (et même s'ils en viennent car on peut être homo, noir et africain à la fois), sont étrangers à la majorité hétérosexuelle. Leurs amours ne sont pas encore considérées comme classiques (ce qui est une forte marque d'hétérosexisme) mais comme appartenant à une sexualité minoritaire. On ne considère donc pas les amours « homo » à un niveau égal avec les amours « hétéro » (c'est le même signe d'hétérosexisme). Ils sont alors des gens étranges venus d'une autre planète. Le mot étranger est synonyme de « bizarre ». Il désigne quelque chose d'extraordinaire, de très différent de ce qu'on a l'habitude d'observer, de pas commun.

– Pas commun ! Pourtant quand on les voit défiler à la Gay Pride, ils ont l'air comme nous tous. Et puis, ils sont nombreux dans la rue, on le voit bien à la télé.

– Justement, des personnes homosexuelles ressemblent tout à fait aux personnes hétérosexuelles. Je leur ressemble, maman leur ressemble. Rien ne les différencie sinon qu'ils aiment des personnes de leur sexe. C'est tout ! De toute façon un auteur (Tahar Ben Jelloun) a écrit : « on est toujours l'étranger de quelqu'un » ; c'est-à-dire qu'on est toujours perçu comme une personne étrangère par celui qui n'est pas comme nous, la différence dérange...

– Mais combien sont-ils ? Parce que lorsqu'on les voit défiler, ils semblent nombreux, non ?

– Oui ils sont nombreux, et aussi très divers. On dit les homosexuels, on devrait aussi dire les homosexualités. L'homosexualité est vécue de façon très différente, qu'il s'agisse des sentiments, des comportements ou des pratiques sexuelles. Les nuances sont grandes. Il existe une importante diversité de situation de vie entre l'homosexuel qui se cache dans les régions isolées et celui qui est « out » dans les grandes métropoles urbaines. On ne voit qu'une partie visible des homosexuels. Certains ne peuvent défiler, d'autres ne le veulent pas. Certains aiment s'amuser avec des tenues provocantes, d'autres préfèrent se cacher. Mais ils sont nombreux. Des études américaines les chiffrent à 10% de la population générale, d'autres en

France, à environ 5%[1] : ce qui fait beaucoup. Mais on préfère taire tout cela dans les placards sociaux.

– Pourquoi parles-tu de « se cacher » et de « placard » ?

– Certaines personnes homosexuelles préfèrent se cacher après tant d'années de violence et de rejet homophobes. Cela peut se comprendre. C'est leur seule façon de se protéger. Les gens de couleur ne peuvent pas se défendre devant les dérapages racistes en se dissimulant parce qu'ils sont noirs, jaunes ou Indiens. Cela se voit. Par contre rien ne distingue a priori un hétérosexuel d'un homosexuel.

– Mais ce n'est pas bien de se cacher ?

– Sait-on toujours ma fille, ce qui est bien ou mal ? Pendant la seconde guerre mondiale des gens se montrèrent fort discrets pour mieux cacher des fuyards, des activistes ou faire passer des messages pour la Résistance sans en avoir l'air. D'autres avaient tout simplement peur. Certains homos, s'ils se dévoilent en public, peuvent perdre leur emploi, être calomniés ou harcelés par leurs collègues ou leur voisinage. Perdre leurs biens et liens familiaux...

– Mais tous les gens devraient comprendre !

– Tout le monde devrait être tolérant et compréhensif, accepter la différence et la diversité de notre monde actuel. Mais le comportement homophobe est plus facile pour ceux qui ne veulent pas faire l'effort de la rencontre, de l'échange avec la personne différente et un travail de réflexion en retour. D'autres ne peuvent se comporter autrement.

– Dis-moi, que peut-on faire alors ?

– Je crois beaucoup en l'éducation des jeunes et du public. Je pense qu'il faut inlassablement répéter des messages afin que les gens ne craignent plus les homos et que ceux-ci puissent sortir et vivre au grand jour et non plus avoir honte d'être ce qu'ils sont.

– Mais jadis, on craignait les homos ?

---

[1] D'après « Les comportements sexuels en France » de Spira et Bajos, édité en 1993 à la Documentation française.

– Oh ! Les choses sont complexes, l'écriture de l'histoire des homosexualités n'est pas encore achevée. Dans les sociétés anciennes, les hommes aimaient leurs alter ego chez certaines tribus selon les coutumes précises, les codes établis. Tolérée à certaines époques, l'homosexualité fut rarement encouragée. On peut cependant dire que les homosexuels ont toujours existé, et qu'il leur fut rarement facile de vivre leur profond désir, sinon en se cachant, en voyageant ou en s'en détournant autant que possible. Certains sublimèrent leur homosexualité. On redécouvre celle de Villon, on connaît celle de Proust, Verlaine, Rimbaud, et Gide. On a appris celle des chanteurs populaires Elton John, et Georges Michael. Sans parler des nombreux bisexuels qui ne s'affichent pas.

– C'était comment dans les tribus ?

– Deux chercheurs américains découvrirent en étudiant au cours des années 1960 le comportement sexuel de soixante-seize cultures différentes réparties sur la planète entière, que la majorité d'entre elles (soit 49 au total) acceptait parfaitement l'homosexualité. Ils apprirent aussi que l'homosexualité est parfois souhaitée pour certains membres de la communauté. Ces chercheurs démontrèrent tout simplement que la forte opposition à l'homosexualité en vigueur dans notre tradition occidentale n'est pas valide universellement. Chez les Indiens d'Amérique du Nord, on élevait, dans quelques tribus, certains garçons pour qu'ils soient homosexuels, ce qui n'était pas une déviance pour ce peuple. À Sumatra, les expériences hétérosexuelles des jeunes Bataks sont sévèrement punies. Dans les mythes grecs, l'homosexualité et la bisexualité faisaient partie des relations naturelles entre les hommes et les dieux. Zeus tomba ainsi amoureux de Ganymède, l'un des trois fils du roi de Troie. Il se transforma en aigle et enleva le bel adolescent. De même, Poséidon, le dieu de la mer, jeta son dévolu sur Pélops, le fils de Tantale et l'enleva. Apollon est aussi tombé successivement amoureux de plusieurs éphèbes. Ce sont des légendes inspirées de la réalité de Sparte. Naturellement l'homosexualité de jadis ou vécue sous d'autres latitudes ne ressemble pas à l'homosexualité telle que nous la connaissons de nos jours, sous nos cieux. Il demeure que l'idée d'homosexualité, son vécu, quels que soient les codes sociaux l'encadrant, fut de toutes époques et lieux. Nous savons que la manière de vivre l'orientation amoureuse homosexuelle s'est modifié au fil des époques. Mais cela a toujours existé et dans tous les pays. Cela, nous en sommes sûrs.

- Ne dit-on pas que les Grecs anciens étaient tous gays ?
- Tout d'abord, le terme n'existait pas. Être gay, c'est vivre son homosexualité en toute visibilité et liberté, en être heureux. Dans la Grèce antique, les relations homosexuelles concernent surtout l'élite. Elles sont encadrées par un ensemble de conditions d'âge et classe sociale. Les homosexuels grecs sont en définitive bisexuels et l'homosexualité est initiatique. Les historiens Ephore et Strabon attestent de mythes initiatiques où les hommes viennent enlever des garçons à leur famille et les emmènent dans les forêts pour en faire des hommes. Les témoignages concernant l'homosexualité féminine de l'époque, le lesbianisme, font essentiellement référence aux poèmes de Sappho et aux mœurs de certaines femmes en vue.
- Lesbianisme, c'est un joli mot, je trouve. Il vient d'où ?
- Il vient de l'île grecque de Lesbos, l'île où est née la poétesse Sappho.
- Elle écrivait quels poèmes ?
- Elle composait de belles poésies sur les amours féminines. Ses textes étaient destinés à être chantés en solo. Il ne nous reste qu'une infime partie de son œuvre que l'église a malheureusement détruite.
- Est-ce que tu sais ce que je vais devenir ?
- Non, ma fille. Je ne peux pas savoir quelle va être ton orientation sexuelle. Toi, seule, le sauras, le jour venu. Tu seras homo, hétéro ou bien bisexuelle, c'est-à-dire l'un et l'autre. Par contre, si j'en crois un philosophe grec, je sais que tu chercheras ta moitié manquante...
- Tu te moques de moi.
- Absolument pas. Aristophane développa une thèse reprise dans *Le Banquet* de Platon, l'ouvrage fondamental du

grand philosophe grec. On peut dire qu'il s'agit d'un mythe qui raconte les origines de l'amour pour les êtres humains. Sa thèse était que les individus étaient doubles avant que le dieu Zeus, dans un accès de colère, ne décide de les couper en deux. Il existait des doubles homme-homme, femme-femme, homme-femme...

- Alors ils sont tous amputés d'une moitié dans cette histoire ?

- Oui, mais le merveilleux du mythe, c'est que le destin de chaque être humain est dans la recherche de sa moitié manquante... et ce, quel qu'en soit le sexe !

- C'est une drôle d'histoire !

- Elle n'est pas banale. Tu sais, on a souvent essayé de trouver une explication à l'amour, cette aventure si humaine, tragique et formidable à la fois...

- Pourquoi tragique ?

- Parce que l'amour est une belle histoire dans laquelle on peut se perdre. Perdre la raison à trop aimer, perdre l'autonomie dans une passion fusionnelle, perdre les autres...

- Et les Romains, vivaient-ils des amours identiques ?

- Dans la Rome antique, l'homosexualité prend la forme de la bisexualité. Les Romains considéraient aussi comme normal qu'un homme ait des relations sexuelles avec d'autres hommes, mais en plus des femmes. Toutefois, le lesbianisme est fort mal accepté : c'est comme une atteinte directe au pouvoir masculin. L'homosexualité masculine est admise avec des esclaves. On a même vu un empereur romain, Néron, se marier en grande pompe avec son esclave castré Sporus. Certains philosophes de l'époque, comme Sénèque, réprouvèrent cependant ces pratiques.

- Et plus tard, que se passa t-il ?

- L'homosexualité sera condamnée sous l'influence du christianisme. Elle deviendra même un péché, une perversion. L'inquisition envoie les homosexuels sur le bûcher. On les appelle alors les bougres.

- D'où provient le mot homosexuel ?
- En 1869, un médecin hongrois l'a inventé. C'est l'époque où l'on considère l'homosexualité comme anormale. Les médecins tentent de la soigner. C'est en 1983 que l'O. M. S. (Organisation Mondiale de la Santé) a enlevé de sa liste des maladies mentales l'homosexualité. Il a fallu longtemps attendre...
- À ces époques là, les personnes homosexuelles étaient-elles plus heureuses ?
- Nous n'avons pas de témoignage, leurs vies étaient certainement différentes. L'opprobre vraisemblablement aussi. L'homosexualité actuelle n'est pas semblable à celle de jadis. On n'a jamais vécu à une grande échelle en couple homosexuel, comme de nos jours. L'homoparentalité était inconcevable. Les mentalités ont évolué, la vie privée s'est réellement libéralisée depuis les années 1970...
- Alors, ça va mieux ?
- Dans un sens, oui. Mais, il fut de tout temps certainement difficile d'être homosexuel, surtout lorsque la religion et la politique l'interdisaient. À notre époque il existe des couples de personnes de même sexe qui forment des familles avec des enfants. Jadis, cela n'était pas. Nous ne pouvons donc pas établir de comparaison. Les enjeux sont différents, la discrimination aussi.
- Et les homos, peuvent-ils se marier ou bien est-ce interdit parce que contre-nature ?
- Ils n'ont pas le droit de se marier. Mais depuis la fin de l'année 1999, les homosexuels hommes ou femmes peuvent s'unir grâce à un PACS (PActe Civil de Solidarité). Une façon pour la société de les reconnaître et de leur octroyer des avantages sociaux. On peut dire que la situation des homosexuels français a beaucoup évolué. Pensons à d'autres pays comme la Roumanie, la Turquie, l'Egypte, certains états des USA où des homosexuels sont emprisonnés, sont battus ou tués. Il suffit de lire les rapports d'organisations spécialisées dans la défense des Droits de la Personne comme Amnesty International.

— Les homos ne sont pas considérés de la même façon dans tous les pays du monde ?

— Non. Par exemple, en 2000, la Cour Islamique d'Arabie Saoudite a ordonné 2600 coups de fouet à 9 jeunes homosexuels pour « déviation sexuelle ». Ils furent reconnus coupables « d'acte d'orientation sexuelle différente ». C'est, le sais-tu, une vraie violation de la Convention des Droits de l'Homme.

— Y'a t-il des gens qui sont emprisonnés pour leur homosexualité ?

— Malheureusement, oui. Récemment au Caire, s'est tenu le procès de cinquante-deux égyptiens accusés de pratiques homosexuelles. Les accusés âgés pour la plupart d'une vingtaine d'années ont été arrêtés le 11 mai 2001 sur un bateau transformé en boîte de nuit. Jugés par une cour d'exception dont les verdicts sont sans appel, ils risquent des peines pouvant aller jusqu'à cinq ans de prison. Ils sont accusés de « faire des pratiques homosexuelles un principe fondamental de leur groupe afin de créer des dissensions sociales, et de s'être adonnés à la débauche avec des hommes ». Ces cinquante-deux homosexuels se voient donc reprochés de remettre en question l'ordre moral et social de l'Egypte par leurs pratiques sexuelles.

— Y aura t-il un jour un texte à l'ONU qui défendra les homosexuels ?

— Dans les principes ce texte existe, mais il faudrait préciser beaucoup de choses. Il existe des pays où la brutalité policière à l'encontre des gays est commune, où les amours homosexuelles sont plus ou moins prohibées. Au Zimbabwe, une association homosexuelle a été interdite et l'homosexualité est un crime. L'article 200#1 du Code Pénal Roumain criminalise les rapports entre personnes adultes de même sexe. C'est la même chose en Arménie ou à Chypre. Tu vois, la vie n'est pas rose pour certaines populations dans ces pays.

— Existe-t-il des pays qui respectent les homos ?

— J'en connais principalement un. L'Afrique du sud, pays de l'apartheid, est paradoxalement devenue un pays très novateur sur la question de l'homosexualité. Il est le premier pays à avoir inclus en 1994 la protection des homosexuels dans sa toute nouvelle constitution. Le président Nelson Mandela entendait ainsi remercier les mouvements homosexuels pour leur soutien dans la lutte contre l'apartheid. Ils possèdent les mêmes droits que les hétérosexuels. On peut parler d'une égalité de traitement. Par contre, le Zimbawe, un état voisin pratique la répression – son président multiplie les provocations homophobes.

– Et en Amérique, au pays des libertés, c'est comment ?

– Le paradoxe est grand, là-bas, sur ce sujet. Un puritanisme pur et dur subsiste dans ce pays et fait parler de lui avec des coalitions chrétiennes très conservatrices, actives et anti-gays. Chacun des états de la fédération légifère comme il le souhaite. Les disparités sont importantes. Il existe 18 états dans lesquels la loi interdit la sodomie. En Louisiane, les lois dites « contre-nature » peuvent entraîner jusqu'à cinq ans d'emprisonnement pour un gay. En revanche, la ville de San-Francisco a des élus homosexuels ou pro-gays. Toutefois, beaucoup d'homosexuels américains s'estiment être considérés comme des êtres humains de seconde zone.

– Alors, ils ne peuvent pas s'aimer ?

– Oui, ils sont torturés ou emprisonnés dans certains pays pour la seule raison d'aimer une personne de leur sexe. Certains sont même condamnés à mort. Pourtant, l'orientation sexuelle est une dimension essentielle de l'identité humaine. Des organismes comme Amnesty International luttent pour la liberté d'aimer, qu'elle soit considérée partout comme un droit fondamental. De récents traités européens, comme celui d'Amsterdam en 1997, veulent garantir le respect et la sécurité des gays et des lesbiennes dans tous les pays de l'Union Européenne...

– Tu m'as dit que les animaux ont des comportements homosexuels, ce n'est pas fondamental ça ?

– Chez certains animaux, oui. Les éthologues ont observé chez les fourmis, des singes et quelques autres espèces des comportements comparables à l'homosexualité. Les mâles simulent entre eux la copulation. Mais cela n'a rien d'amoureux. Les animaux ont un comportement instinctif, il n'y a pas de sentiment amoureux chez eux. Peut-être, pouvons-nous cependant conclure que l'homosexualité n'a donc rien d'anti-naturel, puisque même les animaux...

- Alors plus aucun rejet des homosexuels n'est recevable !
- Tu as tout bien compris. On ne peut condamner l'homosexualité sur aucune base scientifiquement sérieuse. Toute condamnation ne peut-être que morale. Rien ne dit scientifiquement qu'elle est une erreur. Les psychologues l'ont rayé de leur liste des maladies mentales. Des généticiens ont trouvé un prétendu gène homosexuel infirmé par d'autres chercheurs. La condamnation homophobe ne repose donc que sur un ensemble de préjugés.
- L'homosexualité est-elle une maladie ?
- Une maladie mentale, tu veux dire. Elle n'est plus inscrite sur la liste officielle de l'OMS. Si jadis, des médecins, des psychanalystes ou des psychologues la considérèrent ainsi, de nos jours, ils ont revu leur jugement. D'ailleurs, l'existence d'un seul gay ou d'une seule lesbienne en « bonne santé mentale » suffit à démolir cette opinion. On peut se demander par contre si ce n'est pas la société ellemême qui est malade puisqu'elle génère de l'homophobie. Cette dernière est bien la peur et la haine maladives des homosexuels. Lorsque des individus défilent en criant cette haine au son de « les pédés au bûcher », lorsque des voyous assassinent un jeune qui s'était éloigné du circuit de rencontre gay... on peut se dire que c'est la société qui est malade. La phobie est une maladie. Nous pouvons nous interroger si ce n'est pas l'homophobie qui ravage nos communautés humaines, non l'homosexualité comme certains voudraient encore le laisser croire.
- Alors qu'est-ce qu'on peut faire contre l'homophobie ?
- Apprendre. Échanger. Éduquer. Réfléchir. Se rencontrer. Chercher à comprendre. Se montrer curieux. Prouver la réalité des choses.
- C'est tout ?

- Non. Il est urgent d'inventer des espaces de rencontre pour qu'hétéros et homos discutent, que l'ignorance profonde tombe.
- Mais où ?
- À l'école, à la bibliothèque municipale, à la radio, à la télévision. Dans les foyers, dans les villes, dans les entreprises. Parler, dialoguer pour mieux se connaître. Il y a aussi des vieux poncifs stigmatisants à défaire, des idées fausses à casser, des stéréotypes à remettre en cause, des langages grossiers à interdire. C'est une vraie tâche éducative de grande ampleur qu'il convient d'entreprendre. Méconnaître tend à condamner ; savoir, c'est pouvoir accepter.
- Mais vraiment, Papa, crois-tu que la pédagogie puisse à elle seule faire évoluer les mentalités ?
- Elle peut y contribuer sans nul doute. Mais, on ne peut pas compter sur sa seule mécanique. C'est clair. Il faut que les gens, les jeunes se posent des questions, se mettent à douter, que des campagnes de sensibilisation ou de prévention de l'homophobie les aident dans cette opération de réinterrogation des valeurs personnelles. Les gens doivent vouloir ou pouvoir se dire : « peut-être que j'ai tort de penser comme je pense ». Il est essentiel de faire un effort pour changer sa façon de voir le monde et les hommes et les femmes homosexuels. Il faudra beaucoup de pugnacité pour faire évoluer ses préjugés, ses valeurs, une mentalité... que l'on ne subira plus mais que l'on aura librement choisie et volontairement reconstruite. On ne sera plus empêtré, dès lors, dans les lambeaux d'une éducation familiale et sociale passéiste. L'humain doit arriver à se contrôler dans ses pulsions primaires.
- C'est quoi une pulsion ?
- C'est l'action de tendre vers un but non réfléchi. Ce mot a donné « répulsion » qui veut dire dégoût mais aussi « pousser quelqu'un vers l'extérieur, le chasser ». L'homophobe est réellement écœuré et indigné par l'homosexualité. Et il cherche à pousser au dehors les homos.

– Il faut donc le soigner !

– On peut dire les choses ainsi. Avec conviction, il faut lui expliquer, il faut éduquer... et tendre ainsi vers la fin des discriminations et l'éloge de la diversité. Ainsi c'est vrai, on peut le soigner ! Tu sais, on dit que pour être valorisé, il faut se montrer supérieur, fort, compétitif... sinon tu seras traité de faible, de femmelette ou assimilé aux « pédés ». Ces genres de trucs sont à changer. J'ai lu ces commentaires sur un document distribué à la Gay-Pride. Il faut casser cette façon de penser le monde et cette odieuse façon de penser les homosexuels.

– Tu vas à la gay-pride, papa ?

– Tu sais, on peut être marié et soutenir les hommes et femmes homosexuels. Là, en fait, c'est un collègue qui m'a rapporté cette brochure. Il est papa et vit avec un homme.

– Tu veux dire qu'il est homo et papa à la fois ?

– Exactement. Et pourquoi pas ? Il existe des familles dont les parents sont homosexuels, gays ou lesbiennes. Ce n'est pas incompatible. L'orientation homo-amoureuse n'enlève pas aux adultes le désir d'élever des enfants, d'élever leurs enfants avec amour et leur apporter le meilleur d'eux-mêmes. Sans le savoir, tu as peut-être dans ton école des camarades très bien dans leur peau et dont les parents sont gays. Et tu n'en sais rien...

– On dit qu'ils pourraient être de mauvais parents...

– Ceux qui disent cela veulent discréditer les parents gays parce qu'ils ont l'esprit étriqué et qu'ils ne peuvent pas supporter que des enfants heureux vivent sous le toit de familles homoparentales. Mais cela existe bel et bien, et rien ne prouve que les homos ne sauraient pas être de bons parents. Et puis, les mauvais parents hétéros, il faudrait en parler aussi... Récemment, une femme a pu adopter les trois enfants mineurs de sa compagne. Ces enfants ont officiellement deux parents de même sexe : une mère sociale et une mère de naissance. Ils portent désormais les noms de famille accolés de leurs deux parents lesbiens.

– Les jeunes, tout ça, la parentalité, enfin plutôt l'homosexualité, ça les concerne ?

- Entre 16 et 19 ans, ils peuvent se sentir attirés par l'un ou l'autre sexe. Je connais un garçon qui était sorti avec des filles et qui s'est aperçu que les hommes l'attiraient. Cela le dégoûta terriblement.
- Qu'a t-il fait alors ?
- Il a voulu d'abord se convaincre qu'il préférait les filles. Ca n'a pas marché, mais il avait toujours honte de ses penchants. Ses désirs l'ont vite fait déprimer.
- Il était malheureux... parce qu'il avait honte ?
- Oui. On ne lui avait jamais dit qu'il pourrait tomber amoureux d'un autre garçon. Sa mère ne parlait pas de ces choses-là.
- Cela arrive t-il à beaucoup de jeunes ?
- Suffisamment pour qu'ils appellent des lignes spécialisées. Nous savons que 30% des jeunes qui tentent de se suicider sont homosexuels. Il est vrai que, dans une société où les termes comme « pédé » et « gouine » demeurent l'insulte suprême à l'école, où les familles n'envisagent nullement autre chose que l'amour hétérosexuel, où les églises s'acharnent à qualifier les relations homosexuelles de péché, les ados vivent très difficilement cette situation. Ils doutent.
- Que disent-ils au téléphone ?
- Les jeunes appellent les lignes d'écoute parce qu'ils ont besoin de parler d'eux, d'exprimer des doutes, d'échanger sur leurs craintes et surtout dire leurs souffrances.
- De quoi souffrent-ils ?
- Ils vivent parfois dans un profond désarroi leurs incertitudes quant à leur orientation sexuelle et leurs désirs. Ils peuvent être déprimés, et quelquefois suicidaires. Ils supportent très mal le silence et le mensonge. Certains sont écœurés par le devoir de prétendre être quelqu'un d'autre de bien plus acceptable pour les proches. La tricherie les insupporte. Le silence scolaire est accablant pour eux. Il renforce l'idée que leurs désirs homosexuels sont illégitimes, que c'est une honte puisque nul enseignant n'en parle. Certains vivent mal d'être identifiés comme homo-

sexuels, d'autant qu'ils ne le savent pas... ou pas encore. D'autres sont attirés par les deux sexes, doivent-ils/doivent-elles faire un choix ? Un nombre de jeunes ne savent pas ou ne savent plus leurs désirs. Ils se sentent perdus dans leurs pensées contradictoires. Personne ne les aide autour d'eux à y voir plus clair.

– Comment peuvent-ils-s'en sortir ?

– Avec l'aide de leurs pairs, de camarades comme eux qui se retrouvent dans des associations ou des clubs de Jeunes Gays (comme il en existe dans les lycées aux Etats-Unis). Ou encore avec le soutien d'adultes qualifiés, sauf s'ils ont déjà la chance d'être entourés par une famille soudée et tolérante, chaleureuse, les aidant à dépasser leurs propres préjugés et conflits, leurs propres dévalorisations.

– Et si ce n'est pas le cas ?

– Eh bien, leur existence se détériore. On assiste alors à des baisses des résultats scolaires, des dépressions, des usages de drogues, la tentation de l'alcoolisme ou pire, les tentatives de suicide. Il y a aussi des prises de risques au niveau du SIDA. Tu sais, cette maladie sexuellement transmissible dont je parlais précédemment, de laquelle il faut se protéger... à condition bien sûr de s'intéresser à sa santé, et donc s'estimer suffisamment...

– Et ça suffira ?

– Je l'espère. Je souhaite que l'homosexualité ne soit plus bannie des programmes et des enseignements, qu'elle figure de manière claire et positive dans les manuels scolaires. Ces jeunes gays et lesbiennes manquent avant tout de modèles, de repères pour s'identifier, se représenter, se projeter sereinement. Ils n'ont à disposition que Roméo et Juliette. Nulle grande histoire du type Roméo et Augusto ou bien Juliette et Colette ne leur « parle » d'eux. Pour eux, pour leurs proches, et pour leurs camarades hétérosexuels...

– Dis Papa, et si un jour ton fils ou ta fille te disait : « je suis homo », tu lui répondrais quoi ?

– Qu'il soit heureux ! Et ouvert aux hétéros... pour dialoguer, s'expliquer, se comprendre et être en bon voisinage.

– Et au fond de ton cœur ?

– J'avouerai ne pas m'y être trop préparé, être surpris. Bien que cette conversation m'amène à y penser... Mais c'est toujours une grande surprise pour les parents. Un cap pas toujours facile à passer...

ANNEXES POUR ALLER PLUS LOIN DANS NOS CONVERSATIONS

Voici un ensemble de conseils généraux pour les parents et éducateurs, de pistes pédagogiques et d'exemples de leçons à l'attention des enseignants et formateurs. Ces pages soulignent que la démarche est possible, que les conversations scolaires tout autant que familiales sont légitimes. Elles sont des repères, des balises, des stimuli pour développer de nouveaux espaces de dialogue, pour aider à dire ou à agir, à réinventer ses positions et son discours...

1 – POUR LES EDUCATEURS (FAMILLES ET ENSEIGNANTS), QUELQUES MOYENS CONCRETS POUR COMBATTRE L'HOMOPHOBIE

1. Informer, briser le silence, casser le tabou, combattre les préjugés et les stéréotypes en apportant des renseignements clairs ; rendre visibles certaines réalités de l'homosexualité autres que celles rebattues par les médias complaisants avec les stéréotypes en vigueur...
2. S'informer, chercher à rencontrer des gays et des lesbiennes, être attentif à la problématique de leur invisibilité et de l'homophobie déclarée ou rampante...
3. Oser éduquer contre l'homophobie dès le plus jeune âge (école maternelle), à la racine de la formation des préjugés. Présenter aux petits enfants des albums, des coloriages faisant l'éloge de la diversité du monde (gens de couleur, couples homos/hétéros, grands-petits-gros, tenues vestimentaires variées, etc...). Travailler également la notion de genre masculin/féminin (problématique de la poupée Barbie/Ken, etc...) Lien entre le sexisme et l'homophobie...
4. Sensibiliser les enfants à l'homophobie et à l'homosexualité avec des mots simples qui sont à leur portée ; leur parler de relations et d'amour. Dédramatiser le sujet

auprès des parents lors de réunions préalables. Dépassionner le débat en utilisant toutes informations valides...

5. Permettre aux enfants et aux jeunes de poser toutes les questions au moyen de méthodes appropriées, donner un cadre langagier comme affectif adéquat...

6. Employer des mots et des situations positifs. Parler d'amour, d'affection, de respect d'autrui, de liberté et d'égalité, de diversité et richesse humaine, de différences reconnues et respectables. Faire disparaître tout sentiment de malaise ou de honte d'en parler. Dédramatiser avec des exemples concrets.

7. Intégrer les questions de l'homosexualité et de la bisexualité, ainsi que de l'homophobie : dans les programmes scolaires, à l'université, dans les créations artistiques et dans les programmes télévisés...

8. Inclure la thématique de l'homosexualité et bisexualité dans les programmes d'éducation sexuelle, d'éducation à la citoyenneté et d'éducation culturelle. Faire lire et étudier des œuvres romanesques évoquant l'homosexualité ou présentant des personnages homosexuels... Penser à une transversalité de cette thématique, à son développement dans d'autres disciplines, travailler avec des professeurs aux compétences et savoirs disciplinaires différents pour des productions de type interdisciplinaires ou pluridisciplinaires...

9. Mettre un visage sur l'homosexualité : histoire, personnages célèbres, visibilité et coming-out, engagement des homosexuels célèbres vivants. S'appuyer sur des articles de presse, des films documentaires, des longs ou courts métrages...

10. Ne plus évacuer l'orientation homosexuelle. La rendre lisible en tous lieux. En parler autant en famille que dans les établissements scolaires, dans les entreprises ou les administrations, dans les relations inter-individuelles, et avec les supports les mieux appropriés (brochures, livres, films documentaires, témoignages...)

11. Etre conscient des désastres et ravages que peuvent provoquer des actes langagiers ou physiques homophobes :

étude de cas concrets d'agressions ou brimades subies par des individus, lecture de témoignages ou d'histoires de vie. Films, conférences.

12. Penser à la santé des adolescents : leur intégrité physique et mentale. Evoquer les tentatives de suicide, les dépressions, les échecs scolaires des jeunes gays et lesbiennes. Combattre la violence verbale et physique qui les vise...

13. Rassurer les parents de jeunes homosexuel-le-s. Répondre à leurs interrogations avec assurance. Parler d'amour, d'amour filial, de droit à la différence, de respect de toutes les diversités individuelles, de l'égalité des sexualités, de tolérance, de personnalité inchangée, de composante essentielle, etc... Donner des informations illustrées d'anecdotes, de vécus que vous aurez pu recueillir dans des lieux ressources.

14. Aborder les sujets gays et lesbiens en s'appuyant sur des situations quotidiennes, des films, des livres et articles. Profiter aussi des événements d'actualité : les gay-prides de juin, le carnaval gay de Sydney de février, l'actualité gay et lesbienne, les sorties de films, les publications d'ouvrages proches de la thématique homosexuelle, etc...

15. Donner des adresses de centres et lieux ressources, de groupes de jeunes. Organiser des rencontres avec ceux-ci.

16. Inviter des homosexuel-le-s à témoigner de leur vie quotidienne, à ses côtés après un cours ayant abordé les questions gays et lesbiennes...

17. Développer dans le hall de l'établissement scolaire des expositions d'affiches, de photographies, de productions plastiques ou de recherches documentaires sur les sujets de l'homophobie, de l'homosexualité, de l'homoparentalité, du sexisme, de l'orientation sexuelle...

18. Favoriser au sein de l'établissement scolaire ou dans un bassin d'éducation l'émergence de groupes de jeunes gays et lesbiennes ou de jeunes concernés par les questions des droits de la personne humaine pour permettre des échanges entre pairs, de nouvelles procédures de socialisation ou re-socialisation, de l'entraide et une meilleure affirmation de soi...

19. Etre conscient des enjeux communs au sexisme, à l'hétérosexisme et à l'homophobie. Lier les questions d'homophobie (peur des homosexuels), et d'hétérosexisme (inégalité entre les sexualités) aux questions d'effeminophobie (peur de l'efféminé, de ce qui appartient au féminin ou féminise...) et de sexisme (inégalité entre les sexes), de genre (dévalorisation du féminin, survalorisation du masculin) pour mieux travailler à déconstruire les préjugés et stéréotypes sociaux qui fondent l'exclusion et l'intolérance.

20. Inciter les médias à devenir les opérateurs d'actions pédagogiques de grande envergure avec des émissions et des spots télévisés ad hoc, du type « campagne contre l'homophobie, mieux respecter les homosexuels » ou « informations sur l'orientation sexuelle et les amours plurielles ». C'est une vraie didactique du respect de la différence – à tous les niveaux – qu'il convient de développer...

2 – QUELQUES ATTITUDES HETERO-SEXISTES OU HOMOPHOBES A EVITER

Liste à diffuser dans les classes, les entreprises et partout ailleurs...

- Regarder un/une homosexuel/le (une lesbienne ou un gay) en pensant automatiquement à sa sexualité plutôt que le/la voir dans sa totalité, comme une personne dont l'homosexualité n'est qu'une composante.

- Ne pas parvenir à apporter une aide quand votre ami (e) gay ou lesbienne est triste à propos d'une dispute ou d'une rupture... parce que vous pensez que « pour eux, c'est différent »...

- Attendre qu'une lesbienne change son identité publique ou ses conduites affectives ou sa façon de s'habiller pour travailler sur des questions « féministes » avec elle...

- Changer de siège à une réunion parce qu'un gay ou une lesbienne s'assoit à côté de vous.

- Penser que vous pouvez en repérer un/une (homosexuel/le).

- Utiliser le terme « gay » ou « lesbienne » comme une accusation (ou toute autre chose).

- Ne pas demander des nouvelles du (de la) partenaire de votre ami (e) gay ou lesbienne alors que vous demandez régulièrement des nouvelles de son mari ou de sa femme à un (e) ami (e) hétérosexuel(le).

- Embrasser un vieil ami mais avoir peur de serrer la main à un (e) ami (e) gay/lesbienne...

- Définir les lesbiennes comme haïssant les hommes, comme étant séparatistes ou radicales. Employer ces termes de façon accusatrice.

- Ressentir de l'embarras ou du dégoût pour les manifestations publiques d'affection des lesbiennes ou des gays, mais accepter celles des hétérosexuels.

- Se demander qui fait l'homme ou la femme dans un couple homosexuel.

- Supposer que toute personne que vous rencontrez est « hétéro » (car pour vous, le monde est par essence hétérosexuel), et que toute personne qui s'interroge sur l'homophobie est nécessairement « homo ».

- Parler ouvertement des droits des homosexuels mais s'assurer que chacun sache que vous êtes hétérosexuel.

- Avoir le sentiment qu'une lesbienne est juste une femme qui ne peut pas trouver d'homme...

- Eviter d'informer vos amis que vous êtes engagée dans une organisation de femmes parce que vous craignez qu'ils pensent que vous êtes une lesbienne.

- Ne pas s'opposer à une remarque hétérosexiste, de crainte d'être identifié (e) comme gay ou lesbienne.

- Demander à chaque nouvelle rencontre d'un gay ou d'une lesbienne : « d'où pensez-vous que puisse provenir votre homosexualité ? » Imaginez qu'on vous interroge régulièrement sur l'origine de votre hétérosexualité... qu'en penseriez-vous ? Ne dites pas que ce n'est pas pareil, qu'on ne peut pas interroger la genèse de l'hétérosexualité de la même façon...

- Oser certaines questions hasardeuses et penser que les questions ne se valent pas si on substitue « hétéro » à « homo ». Il peut s'agir de questions du genre : « dans quelles circonstances et à quel âge avez-vous décidé d'être homosexuel ? On bien, se peut-il que votre homosexualité ne soit que passagère (une phase difficile et troublante à dépasser) ? » Remplacez par hétérosexualité et imaginez qu'on vous pose la question suivante : « et votre hétérosexualité, n'est-elle que passagère ? A quel âge avez-vous décidé de devenir hétérosexuel ? »

- Interroger sur les origines de l'homosexualité des personnes : « Se peut-il que vous soyez homo parce que vous craignez les personnes de sexe différent ? Vous manque t-il une expérience hétérosexuelle heureuse ? Etes-vous lesbienne parce que vous n'avez pas trouvé l'homme qui vous convienne ? Etes-vous lesbienne parce qu'aucun homme ne vous a révélé sexuellement ? »

- Ne plus considérer son collègue ou son ami de la même façon dès lors que vous apprenez son homosexualité ou bisexualité.

- Demander : « A qui avez-vous avoué votre homosexualité ? » comme s'il s'agissait d'une faute.

- Reprocher aux homosexuels de faire étalage de leurs sentiments, de leur sexualité, et tout centrer sur ces reproches...

- Prétendre que les agresseurs sexuels des enfants sont majoritairement des homosexuels.

- Sous-entendre que la personne homosexuelle ne présente pas une personnalité achevée parce qu'elle est non confrontée à l'altérité, c'est-à-dire au sexe opposé.

- Penser fermement que l'homosexualité n'est qu'un passage, une sexualité temporaire pour des personnes immatures.

- Etre convaincu qu'une partie du monde ne peut être homosexuelle. Ne pas pouvoir penser en terme de pluralité de l'orientation sexuelle et amoureuse.

3 – POUR LES EDUCATEURS, CE QU'IL FAUT FAIRE OU NE PAS FAIRE DANS SA CLASSE

A FAIRE

Répondre immédiatement à des commentaires et plaisanteries homophobes faites par des étudiants, de façon à ce que les élèves ou étudiants concernés se sentent protégés ; toutefois il n'est pas nécessaire de connaître les tendances amoureuses de ses élèves pour affirmer que certains propos sont insultants et discriminants et valent ceux de type raciste généralement condamnés. Cela peut se faire dès les classes primaires en demandant aux élèves s'ils savent ce que signifient réellement ces insultes qui sont bien plus que de simples « gros mots » et en mettant en perspective les termes « pédé », « enculé » avec les autres insultes dont sont victimes les groupes marginalisés : les immigrés, les vieux, et même les jeunes que certains adultes méprisent parce qu'ils trouvent qu'ils ne servent à rien ou que leur culture juvénile est stupide (« de mon temps... »)

Préférer la neutralité de certains mots au niveau du « genre », quand il est question de relations, de questions sexuelles, etc. Par exemple, utiliser le mot « partenaire » au lieu de petit(e) ami(e), demander si un(e) étudiant(e) sort avec, fréquente quelqu'un plutôt que dire : « as-tu un(e) petit(e) ami(e) ? » Nous autres Français, sommes moins sensibles à l'implicite des mots, à une police du genre « politiquement correct » mais il est clair que des efforts pour élaborer un langage plus neutre, qui n'implique pas d'emblée des situations ou relations homme/femme, qui ne présuppose pas l'hétérosexualité des gens, peuvent favoriser moins d'hétérosexisme et davantage d'acceptation d'une orientation amoureuse autre... L'hétérosexisme s'exprime avant tout par l'emploi de termes, d'expressions, de gestes, d'idées qui paraissent anodins mais qui, à l'analyse, trahissent une profonde hiérarchisation des sexualités au détriment de l'homosexualité...

Etre conscient de cette hypothèse : il y a vraisemblablement dans la classe des jeunes gens concernés d'une manière ou d'une autre par l'homosexualité et l'homophobie.

Essayer de soutenir un étudiant qui peut se sentir stressé, chercher à comprendre son stress qui peut provoquer de l'échec scolaire. Lui témoigner reconnaissance et respect. Découvrir que l'on est gay entraîne souvent un sentiment de perte et d'isolement chez le lycéen, l'étudiant.

Prendre en considération l'homosexualité des auteurs, poètes, artistes et personnages publics que vous étudiez en classe, et aborder les façons dont elle peut avoir ou pas influencé leur œuvre. Prendre en considération les éléments qui sont en débat sur ce point en analyse littéraire et esthétique.

Aider les étudiants homosexuels à prendre des décisions concernant leur vie affective comme vous le feriez avec des étudiants hétérosexuels. Par exemple : au sujet d'un flirt entre personnes du même sexe, et des éventuels conseils qu'on peut demander à un référent adulte.

Ne pas jouer un rôle de confident qui n'est pas celui d'un enseignant. Les confidences trop intimes pouvant parfois influer sur la vision qu'on se fait de l'élève, sur le jugement porté sur ses résultats scolaires... On ne peut pas, non plus, tout entendre, il faut savoir diriger le jeune vers des personnes ou lieux relais (assistantes sociales, psy ou médecin scolaire, animateur, CPE, éducateur,...) Ce qui ne signifie pas qu'il ne faille pas prendre la mesure des difficultés d'un élève en situation d'échec scolaire ou de détresse.

Respecter la confidentialité et demander aux élèves la permission de partager leur information avec un conseiller si vous vous sentez mal à l'aise ou incompétent pour traiter tout seul la question.

Explorer et discuter les risques du « coming out ». Soyez réaliste, dans certaines situations, il n'est pas sécurisant d'être « soi-même » ou de se montrer tel qu'on est.

Discuter avec les étudiants de leurs craintes présentes et de leurs espoirs futurs. Sans tabou. Sans frilosité...

Savoir parler de la situation sociale des homosexuel-le-s, et de leurs problèmes, s'informer régulièrement auprès des organismes ressources comme les Centres Gays ou Lesbiens, les associations organisatrices des « lesbian et gay prides ».

Identifier les contributions des gays et lesbiennes, au travers du programme scolaire : en histoire, littérature, art, science, etc. Tous les étudiants ont besoin de modèles positifs d'homosexuels. Autant les jeunes homosexuels pour mieux s'identifier et se projeter que les jeunes hétérosexuels pour mieux connaître et respecter les homosexuels et l'homosexualité...

Intégrer dans ses cours d'histoire les questions de déportations des homosexuels (origine, raison de la déportation, vie quotidienne dans les camps). S'appuyer sur des textes témoignages. Poser le problème de la reconnaissance du statut de déporté homosexuel...

Evoquer l'homosexualité de personnages historiques, retracer les pratiques homosexuelles au fil des âges. Cela n'est pas faire la promotion de l'homosexualité mais dire la réalité du monde contemporain via les réalités du monde passé. C'est réinscrire dans le temps une homosexualité extirpée des cours par des censeurs moralistes.

Etudier les évolutions de la sexualité humaine depuis l'antiquité à nos jours ; ainsi que dans des civilisations lointaines ou dites « primitives », en incluant l'homosexualité et la bisexualité; approche ethnologique, anthropologique.

Aborder les mouvements modernes de libération sexuelle, y compris homosexuelle, des années 1960/1970... Etudier leurs influences sur les débats de société actuels.

Etudier l'historique de l'oppression homophobe (les bûchers médiévaux, la déportation homosexuelle, les événements de Stonewall, les violences contemporaines faites aux homosexuels dans les régimes politiques « forts »...). Géopolitique de l'homophobie.

Etudier l'évolution de la notion de famille selon les époques, de la famille antique à la famille moderne actuelle : classique, recomposée, monoparentale et homoparentale...

Constituer des groupes de travail sur les insultes : origines, aspects juridiques, conséquences psychologiques et sociales...

En littérature, ne pas hésiter à faire étudier des textes modernes abordant l'homosexualité, qu'il s'agisse de littérature jeunesse ou pas. Travailler la thématique du « héros gay », les implicites homosexuels, les manières de véhiculer dans les fictions des représentations de gays et lesbiennes. Faire étudier de grands auteurs homosexuels (Proust, Gide, Rimbaud). Ne pas cacher leur orientation sexuelle, servez-vous en pour mieux commenter leurs œuvres et observer si leur nature amoureuse influe ou pas sur leurs œuvres.

Travailler en français la maîtrise de la langue, la syntaxe, le lexique à partir de documents ayant aussi trait aux questions homosexuelles, au même titre que d'autres questions de société qui servent déjà de support...

Dans le cadre de l'éducation à la citoyenneté, de l'enseignement à la civilité et aux valeurs communes de la République comme la tolérance et la responsabilité, introduire les notions de respect de l'orientation sexuelle, de différence de sexualité, d'homophobie et d'hétérosexisme...

Développer les leçons sur le refus du sexisme, du racisme et de l'homophobie. Faire étudier des textes sur les mouvements de libération des minorités ethniques, des noirs, des femmes, des homosexuels, des lesbiennes. Faire ressortir les caractéristiques communes et les particularités. Les confronter aux représentations des élèves. Faire débattre sur leurs revendications. Travailler sur les insultes, les discriminations et les stéréotypes.

Tracer les chemins de l'intolérance qui vont de la phrase toute faite aux actes de violence localisés ou généralisés.

En éducation sexuelle, s'attacher à aborder la sexualité tant au plan mécanique de la reproduction qu'au niveau affectif des valeurs, des sentiments, du culturel... Cet enseignement doit nécessairement comprendre toutes les composantes de la sexualité : biologiques, psychologiques, sociologiques, culturelles, affectives, morales ; ainsi que les notions de rapport au corps, de relation au plaisir... Les grands objectifs préconisés par le MEN[1] recouvrent les trois dimensions (individuelles, relationnelles et sociales) participant à la construction de l'individu et contribuant notamment à préparer à l'exercice de la responsabilité parentale. Ils devront, bien entendu, être complétés par une définition plus précise en termes de contenus pédagogiques, de répartition et de progression adaptés à chaque niveau d'âge. Ces grands objectifs sont les suivants :

IMAGE DE SOI : Construire une image positive de soi-même et de la sexualité comme composante essentielle de la vie de chacun.

DIMENSIONS DE LA SEXUALITE HUMAINE : Apprendre à identifier et à intégrer les différentes dimensions biologiques, affectives, psychologiques, juridiques, sociales et éthiques.

RELATION A L'AUTRE : Analyser la relation à l'autre dans ses composantes personnelles et sociales, à partir de connaissances précises de chaque sexe.

DROIT A LA SEXUALITE ET RESPECT DE L'AUTRE : Comprendre qu'il puisse y avoir des comportements sexuels variés comme l'homosexualité et la bisexualité. Expliquer que la sexualité n'est pas seulement hétérosexuelle et « reproductrice », que les hétérosexuels n'ont pas d'ailleurs seulement une sexualité reproductrice, que la vie sexuelle a pour but le plaisir procuré...

EXERCICE DU JUGEMENT CRITIQUE : Développer l'esprit critique à l'égard des stéréotypes en matière de sexualité, en amenant notamment les élèves à travailler sur les représentations idéalisées, irrationnelles et sexistes.

---

[1] D'après la circulaire n°98-234 du 19-11-1998 sur l'Éducation à la sexualité et prévention du sida parue au Bulletin Officiel de l'Education Nationale n°46 du 10 décembre 1998.
http://www.education.gouv.fr/bo/1998/46/ensel.htm

ATTITUDE DE PREVENTION : Adopter des attitudes responsables et des comportements préventifs, en particulier en ce qui concerne les abus et l'exploitation sexuels, les maladies sexuellement transmissibles et le SIDA, les grossesses non désirées. Apprendre à connaître et utiliser les ressources spécifiques existantes dans et à l'extérieur de l'établissement dans le cadre d'une démarche personnelle.

EDUCATION A LA RESPONSABILITE : Intégrer positivement des attitudes de responsabilité individuelle, familiale et sociale se fondant notamment sur les valeurs humanistes du respect de soi et d'autrui, préparant à des choix lucides dans le domaine de la sexualité.

COMPRENDRE LE FONCTIONNEMENT SEXUEL chez l'homme et la femme, fonction reproduction, fonction plaisir ; enseignements biologiques...

Lors des cours d'éducation sexuelle, demandez aux élèves s'ils se posent des questions sur l'orientation sexuelle, le fait d'être gay, lesbienne, bisexuel, ou hétérosexuel... parce que dès 14/16 ans la sexualité est souvent très présente dans l'esprit des jeunes, même pendant les leçons qui ne s'y prêtent pas, d'autant qu'à cet âge de nombreux doutes et interrogations assaillent les élèves. Leur en parler pour banaliser le fait d'être homosexuel/le ou bisexuel/le... c'est aussi rendre légitime un désir, ouvrir vers des perspectives heureuses, permettre une identification positive constructive...

En E.P.S. (Education physique et sportive), veiller à ne pas sur-valoriser les aspects de compétitivité qui contribuent à installer chez les garçons un esprit de surenchère machiste où des verbes d'action comme vaincre, se battre, gagner l'emportent sur partager, mutualiser, se solidariser, construire, être...

Dans les cours de mathématiques (ou de physique-chimie), adopter comme tout autre enseignant des autres disciplines scolaires un discours ouvert pendant les inter-classes, lorsque les élèves peuvent aborder des sujets plus personnels. Revoir les problèmes scientifiques présentés aux élèves : insérer dans les libellés des mots qui suggèrent une vision plurielle de notre société, une vision non « hétérocentrée ». Notre monde n'est pas uniquement blanc, brun, yeux marrons et hétérosexuel. Mais aussi homo, beur, asiatique, black, bisexuel, etc. Remplacer, de temps en temps, dans les énoncés des problèmes de maths ou physique : « Denis et Christine » par « Denis et Michel » ou « Christiane et Cindy », mais aussi « Carlos et Ming », « Mohammed et Olga »... Quoique ces révisions puissent sembler artificielles, nous ne devons pas sous-estimer leur portée, la force de la langue dans les représentations des apprenants, la formation d'une pensée, d'un esprit ouvert. Diversifier les noms, induire de nouvelles images et relations humaines et amoureuses peuvent élargir significativement les voies dans lesquelles les étudiants catégorisent les gens et leurs rapports à ceux-ci. Les noms et les étiquettes façonnent nos idées et nos comportements. Pour beaucoup d'étudiants, résoudre un problème scientifique, dans lequel sont mis en scène des couples mixtes (ou « multiethnique »), des couples de même sexe, est l'occasion pour la première fois de considérer que le monde est fait autrement qu'ils ne le concevaient, qu'il existe une gamme étendue de gens et relations différents. C'est aussi prouver aux jeunes homosexuels qu'ils ne sont pas seuls au monde, qu'ils existent, qu'ils peuvent même se projeter dans une vie de couple comme les autres puisqu'on « parle » d'eux dans les énoncés de problèmes mathématiques. C'est rassurer les enfants de familles homoparentales qui peuvent craindre la marginalisation du fait de l'orientation sexuelle et de la visibilité de leurs parents. Ces changements tous simples de noms et de situations ne sont pas des contributions mineures à une éducation au respect envers les gays et les lesbiennes. Il n'y a pas, nous semble t-il, meilleur moyen dans les matières scientifiques, pour banaliser finalement l'homosexualité masculine et féminine et la bisexualité. Et face aux réactions des étudiants et des parents d'élèves, il convient d'ouvrir une vraie discussion dédramatisante sur un sujet éducatif de société, où tous les enseignants et personnels éducatifs sont concernés.

Ne pas oublier que les mathématiciens et scientifiques sont aussi des hommes et des femmes, et que parfois leurs expériences de vie, leurs identités ont pu influer sur leurs recherches. Il existe quelques exemples de scientifiques gays de haut niveau. Il serait intéressant de mesurer quel fut ou non l'impact de leur homosexualité sur leurs travaux scientifiques. Le directeur exécutif du GLSEN de New-York (Gay,

Lesbian, Straight Education Network) Kevin Jennings a écrit une biographie évoquant quelques figures de la recherche scientifique américaine persécutées par le maccarthysme. Livre non traduit en France à ce jour.

Au sein des enseignements de langues étrangères, inscrire dans les sujets d'étude la thématique de l'homosexualité et bisexualité, de l'orientation sexuelle. Faire lire et étudier des œuvres étrangères présentant des personnages gays et lesbiens, des situations de vie homosexuelles, non exclusivement liées aux problèmes du SIDA...

Avoir quelque chose dans votre bureau ou votre classe qui mentionne la reconnaissance des relations gays, lesbiennes, bisexuelles et hétérosexuelles. Par exemple, découper des articles de journaux ou de magazines pour votre tableau d'affichage. Afficher un poster centré sur les questions gays, lesbiennes et bisexuelles.

Avoir des brochures sur la question, accessibles et visibles...

Intégrer l'homosexualité et la bisexualité dans les discussions, les projets, les tableaux d'affichages, etc. L'homosexualité doit être vue et présentée comme un autre mode de vie normal, viable, et intégré dans le quotidien et non comme une discussion spécifique, une parenthèse, quelque chose d'exogène.

Ouvrir un dossier pour toutes les informations que vous pouvez recueillir sur les questions gays et lesbiennes ; constituez-vous votre revue de presse sur ce sujet, abonnez-vous sur Internet aux bulletins gratuits d'informations gays et lesbiennes pour compléter vos connaissances et actualiser vos exemples.

Avoir à portée de main un annuaire des ressources locales mis à jour. Appeler les numéros de téléphone que vous voudriez donner à vos étudiants, pour être sûr qu'ils sont encore valables et offrent de sérieux services. Poser les questions qu'un étudiant pourrait poser. De la même façon, visiter les lieux que vous indiquerez aux jeunes afin de pouvoir leur dire ce qu'ils peuvent en attendre, qui ils vont rencontrer (donnez des noms si possible), comment est l'endroit, comment s'y rendre, les heures d'ouverture, etc...

Faire venir des adultes ouvertement gays, lesbiennes ou bisexuel-le-s dans les classes ou lors de conférence afin de compléter vos cours avec des conversations dont les thèmes seront choisis par les élèves.

A NE PAS FAIRE

Excuser ou ignorer des commentaires ou plaisanteries, insultes homophobes.

Fermer les yeux, ne pas vouloir connaître les origines homophobes d'une bagarre entre élèves...

Ne pas aborder les incidents anti-gay qui se sont passés à l'école : harcèlement et remarques stupides (dirigées ou non vers des individus), plaisanteries, graffiti, « étiquetages ». Le silence implique l'acceptation (l'accord). Vos étudiant (e) s, lycéen (ne) s gays et lesbiennes observeront de près votre réaction...

Présupposer l'hétérosexualité des étudiants, lycéens et collégiens. Il convient d'être ouvert à l'idée que chaque élève puisse être ou bien se révéler hétérosexuel/le ou homosexuel/le...

Etre fermé à l'idée que chaque élève puisse être concerné par l'homosexualité parce que ses parents sont homosexuels, parce qu'il a une sœur lesbienne ou un cousin gay ou encore parce qu'il/elle est ou va se révéler homosexuel/le.

Maintenir un langage qui présuppose que tout le monde est ou devrait être hétéro (Il est préférable d'utiliser « partenaire » plutôt que « petit(e) ami(e) », « relation permanente » plutôt que « mariage »).

Supposer que l'homosexualité est un choix pour un étudiant. Ce n'est pas un choix, de même que l'hétérosexualité n'est pas envisagée comme un choix, simplement, elle est.

Ignorer les contributions des homosexuels à l'édification de la société...

Se focaliser uniquement sur l'acte sexuel. Les étudiants ont besoin de discuter d'un large champ de questions liées à l'homosexualité qui ne se limite pas seulement au « sexuel ».

Communiquer les informations sur un étudiant à d'autres membres du personnel. L'étudiant choisit de se confier à vous, pas aux autres. Ne le « sortez pas de force du placard ». Ce serait un « coming out » qui devient un « outing »... une forme de « viol moral ».

Encourager les étudiants à « être ouverts » ou à « être eux-mêmes » sans connaître leur degré de « sécurité » chez eux, en classe, dans la société...

Présupposer que l'étudiant/e homosexuel/le est juste en train de « traverser une phase »...

Ignorer tout travail sur les stéréotypes, le racisme, le sexisme, l'hétérosexisme avec les élèves du secondaire.

Etre trop présomptueux, trop sûr de soi et de ses capacités, perdre de vue ses propres limites. Il faut être conscient de votre propre homophobie. Adressez l'étudiant à quelqu'un d'autre s'il devient difficile pour vous d'être compréhensif et ouvert. Plus vous vous comprenez, plus vous cernez vos propres valeurs, plus vous pouvez être utile à vos étudiants. Il conviendrait que l'institution développe des formations continues offrant aux enseignants la possibilité de réinterroger leurs valeurs personnelles, professionnelles et sociales...

Garder pour soi toute connaissance sur les lieux ou groupes ressources (groupe de soutien, groupe de parole, actions de « démystification »...) pour les étudiants gays, lesbiennes, bisexuel-le-s et leurs familles.

Ne pas réactualiser régulièrement son carnet d'adresse et ses contacts vers lesquels diriger les jeunes...

Ignorer les questions homosexuelles et bisexuelles, refuser d'aborder cette thématique dans ses enseignements, ou le faire avec si peu d'enthousiasme et de rigueur qu'il vaudrait mieux s'en dispenser tout compte fait...

Ne donner aucune audience à cette thématique dans l'établissement scolaire : ni expositions, ni projections de films, ni conférences...

Refuser l'affichage de notes d'informations pour les jeunes homosexuel-le-s ou les personnes s'interrogeant sur leur orientation sexuelle et affective...

Minimiser dans son enseignement un travail d'identification des stéréotypes culturels concernant l'orientation sexuelle.

4 – COMMENT REAGIR LORSQU'UN ELEVE TRAITE UN AUTRE ELEVE DE PEDE[1]

« *Pédé est l'insulte numéro un des cours de récréation. À Marseille, tu entends enculé à longueur de temps, tu n'y fais même plus attention. Pourtant, on ne doit pas les laisser passer ces insultes. C'est comme lorsqu'une fille est traitée de pute. Ca ne doit pas être toléré. Mais cela ne sert à rien d'interdire. Il faut faire comprendre en quoi c'est blessant pour les homos. Il faut qu'ils en éprouvent vraiment l'impact. Il faut qu'ils parviennent à se mettre à la place des gays et des lesbiennes. Vraisemblablement, convient-il d'utiliser la technique des jeux de rôle pour une éducation efficace des jeunes.* »

Florian, futur professeur, stagiaire en IUFM

L'enseignant doit intervenir tout de suite après l'incident avec les deux protagonistes, voire la classe entière. Ces remarques s'inscrivent dans l'apprentissage de la tolérance (l'enseignant a déjà l'habitude d'intervenir en cas de remarque raciste ou sexiste).

---

[1] Démarche élaborée dans le cadre de l'atelier pédagogique de l'amicale AGLAE des enseignants gays et lesbiennes en 1999, expédiée au Ministère de l'Education à titre d'exemple.

Comment intervient-il ?

<u>1) Il fait émerger les représentations chez les protagonistes</u>
- celui qui insulte (l'agresseur) : « pédé » est la réponse à « NTM »
- celui qui est insulté (l'agressé) va montrer que l'insulte « pédé » est blessante.

<u>2) il protège l'agresseur en lui disant que « NTM » est aussi infamant que « pédé ».</u>

<u>3) Il démontre à l'agresseur que pédé est une insulte</u>
- il est préférable qu'il utilise une injure plus neutre : « bouffon », ou bien « idiot »...
- le terme pédé insulte toute une communauté de personnes qui s'aiment (de très nombreuses personnes ont cette aspiration noble). Rappeler que l'amour homosexuel est identique à l'amour que l'agresseur connaît (amour hétérosexuel).
- le terme pédé est une insulte de type « raciste », qui désigne l'identité de la personne. Rapporter la situation générale au cas personnel de l'agresseur : « cela te plairait-il qu'on te traite de sale blanc, sale nègre... ? »

<u>4) Il rend solennelle l'explication en disant à l'agresseur « rappelle-toi que chaque fois que tu traites une autre personne de « pédé » tu injuries des milliers de personnes .»</u>

Remarques : l'agresseur peut faire la différence entre insulte privée et insulte publique ; il peut objecter que de « toutes façons, traiter de pédé l'autre élève ne peut pas vexer car il n'y a pas de pédé autour de nous .»

- l'enseignant doit établir une analogie avec l'insulte raciste proférée entre personnes de même origine : « si j'étais entre Blancs et que je parlais de « bougnoule », ce serait un propos « raciste ».
- l'agresseur peut ne pas comprendre que « pédé » n'est pas une injure de type raciste car un homosexuel n'est pas « identifiable » comme peut l'être une personne de couleur.

- l'enseignant doit expliquer, qu'aussi peu visible soit-elle l'homosexualité n'en est pas moins un élément de l'identité : « traiter quelqu'un de pédé, c'est s'attaquer à sa personne en entier, c'est lui refuser le droit d'être ce qu'il est. C'est comme si tu reprochais à l'autre d'écrire avec la main gauche et non avec la main droite comme la majorité des gens. »
- au cours de l'explication, l'enseignant doit refaire formuler aux protagonistes les notions de « communauté », « homosexuel », « insulte ».

5 – LORSQU'UNE CLASSE N'A QUE LE MOT HOMOSEXUEL A LA BOUCHE, QUE FAIRE ?

Finalités

Le but de la séance est de permettre aux élèves de corriger des idées fausses et de les amener à respecter les personnes homosexuelles qui appartiennent à une communauté humaine dont il convient de faire l'éloge de la diversité...

Objectifs

Faire émerger les représentations des enfants, leur faire prendre conscience de la provenance de leurs informations. Confronter divers avis et commentaires, mettre en parallèle les mots listés et les idées toutes faites que l'on peut déconstruire. Remettre en question les préjugés de chaque enfant, en présentant notamment deux modèles de vie positifs de couple homosexuel (histoires, bande-dessinées, albums...).

Déroulement

- Inscrire au tableau les mots GAY et LESBIENNE
- Demander aux élèves de se répartir en petits groupes et d'écrire au regard de ces deux mots tout ce qui leur passe par l'esprit, favoriser les échanges entre les enfants, préciser qu'il n'y a pas de bonnes ou mauvaises idées. Il s'agit d'écrire les mots que l'on associe de façon spontanée à « gay » et « lesbienne ». Demander aux élèves d'en trouver une vingtaine et d'écrire tout cela sur des feuilles blanches avec un gros feutre. Donner une vingtaine de minutes puis récupérer les feuilles afin de les afficher sur les murs et les lire tous ensemble. Les commenter, interroger les élèves : vous avez trouvé de nombreux mots très différents, où avez-vous trouvé ces idées ? D'où proviennent toutes ces informations ? Pouvez-vous expliquer certains mots ? Que pouvez-vous – vous autres – en dire ? Avez-vous entendu des mots qui pourraient blesser des homosexuels ? Qu'en pensez-vous ? Que faudrait-il dire ? Comment réagissez-vous devant une personne qui dit du mal des homosexuels ? Que devriez-vous lui dire ? Que faudrait-il entreprendre pour que les gens respectent les personnes homosexuelles ? Expliquer ce que les enfants ne comprennent pas, rectifier les idées fausses, donner les informations qu'ils demandent sur les gays et les lesbiennes, les amours entre personnes de même sexe, l'homophobie, ou l'homoparentalité... Les aider à trouver, à verbaliser les meilleures solutions pour répondre aux expressions dévalorisantes, aux injures homophobes. En conclusion, faire apparaître dans votre conversation les notions d'hétérosexualité et bisexualité, dans un souci d'explicitation du réel, de la diversité des amours...
- Montrer et lire aux enfants, par exemple, l'album « Daddy's roomate » de Michael WILLHOITE ou « Gloria goes to gay pride » de Lesléa NEWMAN, ou bien un autre ouvrage du même type...

6 – QUELQUES PISTES DE TRAVAIL DANS LES ECOLES SUR LES QUESTIONS HOMO-PHOBES ET HOMOSEXUELLES

On mobilisera pour les enfants la notion de famille parce qu'ils associent la plupart du temps les questions d'amour à leurs parents et à leur famille. Concernant les adolescents, on mettra en avant la notion de couple sur laquelle s'appuieront les questions de sexualité. Comme activité d'éveil et réflexion pour les enfants, nous proposons un éventail de pistes pédagogiques qui pourront être étoffées par les enseignants imaginatifs qui auront à cœur de se documenter au préalable sur la vie quotidienne des personnes homosexuelles. La Saint Valentin, la Lesbian & Gay Pride, le carnaval gay de Sydney, la journée du Coming-out, la journée mondiale du SIDA... sont des moments opportuns pour présenter aux enfants l'existence d'amours plurielles : hétérosexuelles, bisexuelles et homosexuelles. Certains enfants peuvent être concernés. Ils ont un grand frère gay ou une grande sœur lesbienne, un cousin homosexuel, des voisins qui vivent en couple homosexuel ou bien des parents gays ou lesbiennes...

— Présenter aux jeunes enfants, en école maternelle, les images d'ours entre mâles, entre femelles, entre mâle et femelle. Demander aux enfants de les décrire, les conduire à interroger ce qu'ils voient, leur faire verbaliser ce qu'ils ressentent au regard de ces images. Expliquer avec des mots simples les situations de ces couples d'ours : parler d'attachement, de plaisir de partager des loisirs, des événements de la vie quotidienne et de dormir ensemble... Evoquer le sentiment d'amour entre ces ours en couple... Lire une histoire relatant la vie d'animaux amoureux, établir quelques transpositions, ajouter un couple d'animaux mâle ou femelle, faire parler les enfants sur ces histoires remaniées... et préciser que certains humains (les homosexuels) s'aiment comme cela. Bien davantage que les animaux, vraisemblablement.

- <u>Organiser une exposition dans le préau ou dans les couloirs de l'école élémentaire</u>. Cette exposition présentera les dessins d'enfants de l'école sur le thème : « je dessine ma famille et les familles voisines ». Ces dessins présenteront des familles traditionnelles, des familles recomposées, des familles monoparentales ; on introduira des dessins de familles homoparentales pour amener de la diversité dans les représentations des familles, qualifiables de « plurielles ». Il conviendra de provoquer la réflexion sur le thème et les dessins de ces diverses familles à l'aide de lectures et de discussions, en fonction de l'âge des élèves... Ces dessins seront observés par les autres classes et conduiront d'autres élèves à des discussions, appropriations d'information (recherche d'informations en Bibliothèque Centre Documentaire ou sur le web...). Ils pourront aussi amener d'autres groupes d'élèves comme les CM2 à d'autres productions : fresques, sketchs, enquêtes, rédactions d'histoires sur la même thématique... Organiser une autre exposition, dans le hall de l'école, de photographies de différentes familles dont les familles homoparentales ou seulement de diverses familles homoparentales. Les parents d'élèves devront naturellement être associés à cette démarche pédagogique, s'inscrivant dans un projet d'école, avec diffusion de documents d'information et réunions préalables avec l'équipe éducative. Cette exposition sera l'amorce de diverses autres activités et interventions en classe (débats, films, leçons, recherches documentaires...)

- <u>À l'école primaire, une autre activité de sensibilisation</u> : Présenter aux enfants des photographies de personnes célèbres, faire écouter des chanteurs en vue, montrer des œuvres d'artistes connus QUI SONT HOMOSEXUEL-LE-S. Faire alors verbaliser les enfants, qu'ils puissent réagir, dire ce qu'ils en pensent, s'écouter les uns les autres. L'objectif est de caractériser les homosexuels, montrer des gays et des lesbiennes célèbres, connus pour leurs talents politiques ou artistiques, leurs qualités humaines et qui sont des exemples positifs. Il convient d'aider les élèves à s'affirmer, de créer un climat et un espace rassurant pour les élèves dont les parents sont homosexuels. Le but de la séance est de rendre les enfants respectueux des personnes homosexuelles. Faire ensuite écrire un règlement intérieur de l'école prenant en compte les discriminations, le rejet dont pourraient être victimes les enfants de familles homoparentales ou les jeunes gays et lesbiennes des établissements du second degré. Développer un projet de production collective (petit livre, manifeste, affiches) sur les discriminations dont sont victimes les gays et lesbiennes, sur le respect de l'orientation sexuelle et affective, intitulé « Nous sommes tous égaux ! », qui sera présenté dans les autres classes de l'établissement scolaire avec des débats où les élèves, présentant le livre, devront répondre aux questions de l'auditoire. Travail de documentation personnelle et en groupe ; rédactions et mises en page, Internet et PAO en informatique... Des leçons sur l'homophobie et l'orientation sexuelle, l'homosexualité et les homosexuels... devront nécessairement sensibiliser en amont de cette opération les élèves producteurs.

- Au collège, dire « Maintenant je vais mettre le mot GAY au tableau de ce côté-ci ; et le mot LESBIENNE sur cet autre tableau. Vous allez prendre une craie et venir écrire sur chacun des deux tableaux trois, quatre mots que vous associez à ces termes. Vous êtes libre d'écrire tout ce qui vous passe par la tête mais seulement trois, quatre mots afin que chacun des élèves de cette classe puisse s'exprimer. » Demander aux élèves d'écrire par groupe de trois personnes à la fois sur chaque tableau, sans impatience et lisiblement. Une fois l'exercice terminé, leur demander de former des sous-groupes de travail (3, 5 élèves maximum), de recopier sur une feuille blanche les mots associés à GAY & LESBIENNE puis de les classer sous des têtes de chapitres pertinents (il peut s'agir de loisirs, vêtements, droit, loi, sexe, homophobie, etc...) ; éviter de donner cependant des exemples trop précis pour ne pas les influencer. Leur demander de présenter leurs classements sur un paper-board qui sera ensuite affiché sur les murs. En collectif, lire les affiches, les commenter sans aucun jugement de valeur, conduire seulement des critiques sur les catégorisations - sont-elles pertinentes ? Sont-elles significatives ? Faire opérer sur des affiches vierges un reclassement général avec les élèves en sous-groupe afin d'obtenir une synthèse utile, favoriser les échanges. Demander ensuite aux élèves de rédiger une ou plusieurs phrases résumant correctement les contenus de chacune des catégories finalement obtenues. Une fois les phrases recopiées au tableau, demander aux élèves ce qu'ils en pensent, souligner si nécessaire les incohérences, les idées reçues, les stéréotypes. Expliquer et donner des exemples concrets et évocateurs pour les collégiens, lire des extraits de textes littéraires concernant la thématique pour réponses aux erreurs de jugement. Favoriser ensuite pour la synthèse de la séance un dialogue collectif ouvert et serein. Cette séance, un peu longue, sera ensuite une amorce pour approfondir la thématique homosexualité & homophobie en Histoire/géographie ; Sciences de la vie et de la terre, Littérature, Sciences économiques... Cette séquence permet un travail en français sur l'analyse de contenu, la classification, le texte argumentaire, la communication interindividuelle...

- à destination des plus jeunes : lire des petites histoires mettant en scène des familles homoparentales ou des personnages gays et lesbiens ; encourager des coloriages de personnes gays, lesbiennes et hétérosexuelles, seules ou en couple (mises en scène de façon « utile et agréable ») ou des dessins sur les mêmes thèmes, des esquisses incomplètes à terminer en faisant exercer l'imagination de l'enfant...

Soyez confiant en votre propre créativité et aux échanges d'idées et de démarches pédagogiques au sein de l'équipe éducative de votre école. Il est préférable de vous inscrire dans un projet d'ensemble. Un projet d'école que chaque enseignant porte et devra défendre devant les parents d'élèves, les parents élus au conseil d'école auxquels il conviendra de présenter et justifier la démarche éducative dont l'objectif général est humaniste et solidaire d'une politique d'anti-discriminations et d'anti-marginalisations des personnes humaines quelles que soient leurs différences, dont les penchants amoureux. Il conviendra de faire preuve de pédagogie auprès des parents et de mentionner qu'il ne s'agit pas de faire la promotion de l'homosexualité, d'influer sur la sexualité des jeunes, encore moins de détournement... Simplement d'apprendre à respecter les homosexuels, d'apprendre à fréquenter dans les meilleurs termes des personnes homosexuelles qui seront des voisins de palier, des collègues de travail ou des membres de sa famille. Comme l'explique une maman dans le film documentaire « It's elementary, parler de l'homosexualité à l'école », « je ne suis pas très favorable à l'homosexualité, mais je sais que mes enfants rencontreront des homosexuels dans leur vie d'adulte, c'est inévitable. Je préfère qu'ils s'entendent bien avec eux plutôt que se bagarrer... » C'est une des justifications a minima de cette démarche éducative.

« Conseils très pratiques » pour concevoir de manière générale des cours ouverts à l'homosexualité et aux homosexuel-le-s :

— Apprenez à les connaître, interrogez-les, lisez-les (exercice : « c'est pas si cool d'être un homo ! », pratique de jeux de rôle...) ;

— Evitez les clichés évidents, gardez-vous des lieux communs dont vous pourriez être victime, lisez le « questionnaire de l'hétérosexualité » (exercice : « échec et mat aux idées reçues », réflexion: « quels sont les points communs entre Bertrand DELANOË, DAVE, Georges MICHAEL, James DEAN et Jean GENET ? ») ;

— Ne jamais les caricaturer : ayez toujours à l'esprit qu'au-delà du folklore, accepter son homosexualité reste pour la plupart des gays et lesbiennes un passage douloureux ;

— Offrir des représentations positives... mais non excessives. Ne pas tomber dans la militance, ni dans la commisération...

*7 – UNE LEÇON-TYPE
POUR LE SECONDAIRE*[1]

LE REFUS DE L'HOMOPHOBIE

---

[1] Elaborée par l'atelier pédagogique de l'association AGLAE des enseignants gays et lesbiennes et envoyée au Ministère de l'Education en 1998.

A – Objectifs pédagogiques

1- Travail sur la terminologie : vocabulaire d'usage courant, insultes, expressions concernant l'homosexualité.

2- Caractériser l'homophobie :
- emploi de certains termes insultants,
- attitudes de rejet,
- actes d'agression,
- prise de distance, recul par rapport au signifiant du mot,
- étude de cas.

3- Situation des homosexuel-le-s en France et à l'étranger :
- étude comparée de la législation entre pays d'Europe.
- situation en Turquie, Roumanie, Amérique.
- étude de cas.

4- Eléments d'information sur le mouvement de libération « gay et lesbienne ».

B – Objectifs méthodologiques

- observation et lecture d'affiches,
- travail sur les différents niveaux de langage,
- compréhension d'article de journal,
- lecture chronologique d'une « reconnaissance progressive des droits des homosexuel-le-s ».

C – La leçon

Le refus de l'homophobie

Texte introductif	Les objectifs
L'homosexuel est souvent l'objet de violences verbales ou physiques. Le vocabulaire des insultes à l'encontre des « gais » et des « lesbiennes » est vaste, et pour certains, fait partie du langage quotidien. Actuellement, la législation ne reconnaît pas aux homosexuels tous les mêmes droits qu'aux hétérosexuels.	A l'issue de cette séquence, je suis capable : -d'expliquer le mot homophobie, -de donner des exemples d'homophobie vécue au quotidien.

1 – Des insultes au quotidien

« C'est pas une montagne de pédé (...) espèce de sale pédé, tu peux pas me répondre, (...) regarde ces tapettes qui s'embrassent (...), PD (...) vois les tantouzes là-bas (...) sale gouine. »

Comment sont qualifiés les hommes et femmes homosexuels ? Ces qualificatifs, portent-ils atteintes aux droits de la personne ? Lesquels ? Quels sont leurs effets ? Connaissez-vous d'autres termes insultants ? Que pouvez-vous en dire ?

....
....
....
....
....

2 – Une scène d'agression homophobe

Texte à commenter

« *C'était le 7 Juin dernier, je venais de chercher mon copain à la gare, un vendredi soir vers 18 heures. Fatigué de son voyage, mon ami avait mis sa tête sur mon épaule. J'ai doublé une 205 blanche avec deux mecs à l'intérieur. Ils nous ont vus. Aussitôt la 205 nous a collés puis dépassés. Celui qui était du côté passager a baissé sa vitre, empoigné une canette de bière qu'il a projeté dans ma direction. Elle s'est écrasée sur la bulle plastique de protection qui, heureusement, protège ma vitre. 100 mètres plus loin, un feu rouge nous a immobilisé. La 205, elle, était garée sur le trottoir d'en face. J'ai vu alors les deux mecs en sortir, l'un portant une batte de base-ball, puis se diriger vers nous. J'ai choisi de descendre pour éviter qu'ils s'en prennent à mon ami. Ils m'ont alors frappé, agressé avec la batte de base-ball. Les passagers des autres véhicules bloqués au feu n'ont pas bronché. (...) J'ai, bien entendu, déposé plainte à la gendarmerie de Châtenay-Malabri. En me frappant, mes agresseurs hurlaient « regardez ce sont des pédés !» Si mon ami n'avait pas placé sa tête sur mon épaule, nous n'aurions jamais eu de problème.* »

Journal Ex Aequo, février 1997.

Questions

Qu'arrive t-il aux deux auteurs du texte ?

....

....

Quel est le motif de l'agression ?

....

....

Comment s'appelle ce type d'agression ?

....

....

3 – Vers une reconnaissance progressive des droits des homosexuel-le-s en France

La tolérance à l'égard des hommes et femmes homosexuels s'est largement accrue depuis vingt ans ; toutefois, de nombreux comportements homophobes persistent en marge de droits civiques très incomplets. Il n'y a pas encore d'égalité complète de droits entre les homosexuels et les hétérosexuels.

<u>Lisez la chronologie ci-dessous.</u>

Soulignez en vert dans la chronologie les dates marquant une amélioration des droits des homosexuel-le-s, et en rouge les dates évoquant la persistance d'inégalités.

Février 1978 : La plupart des titres de la presse homosexuelle de l'époque sont interdits par le ministre de l'Intérieur.

1981 : Le ministère de la Santé raie l'homosexualité de la liste des maladies mentales. Parution de diverses circulaires ministérielles favorables aux homosexuels dans les services de police, de justice...

27 Juillet 1982 : Gisèle HALIMI et Robert BADINTER obtiennent, conformément à la promesse du candidat Mitterrand, la « dépénalisation de l'homosexualité » : abrogation de l'alinéa 2 de l'article 331 du Code pénal.

4 Août 1982 : La majorité « sexuelle » des homosexuels est alignée sur celle des hétérosexuels : 15 ans

16 mars 1984 : La cour d'appel de Paris préfère confier l'enfant d'un couple divorcé au père plutôt qu'à la maman homosexuelle.

25 Juillet 1985 : La loi interdit désormais toute discrimination d'ordre professionnel, administratif, ou commercial fondé sur les mœurs. Amendement de Jean-Pierre Michel étendant le champ des lois antiracistes aux discriminations en raison de « mœurs ».

1989 : La cour de cassation rend deux arrêts négatifs dans des affaires de concubinages gay. Selon la Cour, les couples homosexuels ne peuvent prétendre à une vie « maritale ».

1991 : Affaire Abeille-Vie, Philippe X ne peut obtenir le versement des indemnités et du capital-décès de son compagnon décédé du SIDA. La compagnie invoque la mauvaise foi du disparu, mais elle perd le procès.

1992 : Des situations dramatiques apparaissent suite au décès par le SIDA d'un compagnon de vie. Pour le survivant, pas de droit au bail ou de possibilité de continuer de résider dans le domicile du couple homosexuel non reconnu légalement... Le 17 avril, Le Monde annonce en dernière page que la création d'un Contrat d'Union Civile est à l'étude. Elisabeth Badinter écrit : « Le courage en politique est payant. »

21 Décembre 1992 : Adoption de deux amendements du Contrat d'union civile par le parlement, dont un sera déclaré inconstitutionnel (pour vice de procédure). La Sécurité sociale devra désormais reconnaître la qualité d'ayant droit au partenaire d'un assuré social qui en fera la demande, quel que soit son sexe.

9 octobre 1996 : Le conseil d'état ne donne pas à Philippe F., célibataire et homosexuel, la possiblité d'adopter.

Septembre 1998 : A la veille des débats parlementaires sur le PACS, les députés écartent la possibilité d'adoption pour les futurs couples homosexuels...

9 Octobre 1998 : Début du marathon parlementaire pour l'élaboration d'un nouveau contrat d'union légale pour les couples hétérosexuels et homosexuels, à partir d'une proposition de loi d'initiative parlementaire.

Printemps 1999 : Un couple gay perd son action en justice pour l'obtention de tarif couple chez un voyagiste.

Octobre 1999 : Le parlement vote l'adoption du PACS (pacte civil de solidarité) permettant aux couples ne souhaitant pas ou ne pouvant pas se marier de s'unir civilement.

4 – Infos civiques

Quelle est la date de la grande manifestation des homosexuel-le-s en France ?

L'avant dernier samedi du mois de Juin (le 20 ou 21 Juin) de chaque année, c'est la Lesbian et Gay Pride. Elle se déroule à la même époque dans la plupart des pays européens et américains. Cette manifestation vise à une reconnaissance sociale et à une égalité des droits pour les homosexuel-le-s.

Dans quel pays la législation est-elle la plus favorable aux homosexuels ?

Aux Pays-Bas, les lois du 21 décembre 2000 ouvrent le mariage et l'adoption (à condition que l'enfant ait la nationalité néerlandaise) aux couples homosexuels. La première cérémonie s'est tenue à Amsterdam le dimanche 1er Avril 2001.

5 – Auto-évaluation

1-Citez un exemple actuel de discrimination homophobe :

....
....
....
....
....
....
....
....

2-Quand a t-on dépénalisé l'homosexualité ?

....
....
....
....
....
....
....

<u>Projet de loi en Suède</u> : Le gouvernement suédois a déposé devant le Parlement un projet de loi criminalisant l'incitation à la haine contre les homosexuels, a indiqué mercredi 28 novembre 2001 le ministère de la Justice. Les dispositions du code pénal concernant l'incitation à la haine contre des minorités (religieuses, ethniques) ou leur discrimination seront étendues aux individus ou communautés visés en raison de leur orientation sexuelle (homosexuels, bisexuels ou hétérosexuels), précise le ministère dans un communiqué. (AFP)

6 – Le savez-vous ?

La Gay pride célèbre les évènements de Stonewall, à New York. Un soir en 1969, des homosexuels se révoltent contre les brimades répétées de la police à leur encontre dans les bars qu'ils fréquentaient pour s'y rencontrer. Ce fut l'origine du mouvement de visibilité et de revendication homosexuelle.

Qu'est-ce que le PACS ?

« Vous vivez avec une autre personne et vous ne souhaitez pas ou vous ne pouvez pas vous marier, vous souhaitez organiser les modalités de votre vie commune dans un cadre juridique stable, et vous remplissez les conditions prévues par la Loi. Vous pouvez conclure un PACS et faire une déclaration conjointe au greffe du Tribunal d'Instance compétent, ou au consulat si vous résidez à l'Etranger et que l'un de vous est Français (e). »

« Le PACS est un contrat conclu entre deux personnes majeures, de sexe différent ou de même sexe, pour organiser leur vie commune. Le PACS est sans effet sur les règles de la filiation et de l'autorité parentale. Il ne vous confère pas le droit d'adopter ensemble un enfant ou si vous vivez avec un partenaire de même sexe de recourir à une procréation médicalement assistée. »

Document du Ministère de la Justice.

ENQUETE

Recherchez des homosexuels célèbres français ou étrangers :

....
....
....
....

VOCABULAIRE

Recherchez les définitions des termes suivants :

Homophobie : ....
....
....

Hétérosexisme : ....
....
....

D – Déroulement de la séquence

- Demander aux élèves d'observer les affiches, fixées au tableau, reprenant des insultes ou des actes de violence homophobes...
- Leur distribuer une feuille de papier sur laquelle ils noteront les différentes appellations, expressions, insultes et tournures péjoratives qu'ils connaissent. Travail anonyme. Rassembler les papiers et en dresser l'inventaire.
- Classer ensuite les expressions et mots trouvés par niveaux de langage, l'enseignant pourra compléter les réponses. Réponses attendues : « tapette, tante, pédé, gouine,... ».
- Faire rédiger les réponses aux questions « Des insultes au quotidien ». Les discuter.
- Lecture silencieuse du texte « Une scène d'agression homophobe ». Rédaction individuelle des réponses sur les lignes du cahier-livre. Correction collective ensuite.
- Travail individuel sur l'exercice « Vers une reconnaissance progressive des droits des homosexuel-le-s en France ». Synthèse orale.
- Discussions autour des infos civiques, de la Gay Pride, et du PACS...
- Auto-évaluation et recherches documentaires.

E – Prolongements possibles

Analyse, caractérisation de faits homophobes

A partir d'articles de presse ou de films documentaires...

Etude de la définition suivante de l'homophobie

« L'homophobie est un sentiment de crainte et d'aversion qu'éprouvent certaines personnes à l'égard de l'homosexualité et des homosexuel-le-s. L'homophobie peut affecter tout un chacun, hétérosexuel ou homosexuel. Elle porte préjudice en premier lieu aux gays, lesbiennes et bisexuel-le-s, mais aussi à leur entourage : leur famille et leurs amis. On peut dire que ce sentiment a pour origine des phénomènes culturels, sociologiques et psychologiques complexes, liés à l'histoire judéo-chrétienne de nos sociétés. L'homophobie est institutionnelle et personnelle. Elle est présente à de multiples niveaux dans la société comme dans les institutions. On la rencontre aussi dans les livres, les œuvres cinématographiques et surtout dans le vocabulaire courant. Elle véhicule un sentiment partagé dans le cœur et l'esprit de nombreuses personnes. »

Intimement liée à la problématique du sexisme (voir le livre de Pierre Bourdieu « *La domination masculine* » Editions du Seuil) et à des définitions stéréotypées de la masculinité et de la féminité (voir les études de Daniel Welzer Lang dans « *La peur de l'autre en soi – Du sexisme à l'homophobie* », VLB Editeur), l'homophobie engendre des discriminations (exclusion, violence verbale, voire physique) à l'encontre des homosexuel-le-s et quelques malaises lorsque le sujet de l'homosexualité est soulevé. Elle réduit souvent les gays, les lesbiennes et les bisexuel-le-s à un processus d'invisibilité, c'est-à-dire à cacher leur orientation affective dans de nombreux lieux et situations de la vie sociale.

L'homophobie provoque une isolation sociale, des dépressions, voire des tentatives de suicide, en particulier chez les adolescents qui découvrent leur homosexualité dans un milieu ne favorisant pas le développement et l'acceptation de leur orientation sexuelle. (Voir les travaux de Michel DORAIS, *Mort ou fif, la face cachée du suicide chez les garçons*, VLB Editeur).

L'emploi du terme « homophobie » semble remonter aux années 1970 et avoir été utilisé aux Etats-Unis pour la première fois. Ce n'est qu'en 1999 qu'il apparaît dans les dictionnaires de langue française. Ainsi, pour le « Nouveau Petit Robert », homophobe est celui qui éprouve de l'aversion envers les homosexuels, et pour « Le Petit Larousse », l'homophobie est le rejet de l'homosexualité, l'hostilité systématique à l'égard des homosexuels (1998). »

(Consulter aussi à ce sujet « *L'homophobie* » de Daniel Borillo, Collection Que Sais-Je n°3563 aux Presses Universitaires de France, Paris 2000).

Etude des différents niveaux d'homophobie, selon la liste suivante :

1-Homophobie langagière : insultes, plaisanteries, caricatures, vocabulaire stigmatisant l'homosexualité et les groupes de personnes homosexuelles.

2-Homophobie intériorisée : sentiment profond, croyance personnelle que les homosexuels sont anormaux, bizarres ; ou tout bonnement malade. Idée sous jacente : l'homosexualité est une « tare ».

3-Homophobie d'évitement : sentiment de peur vis-à-vis des homosexuels provoquant des comportements dits d'évitement, voire parfois une violence physique ou verbale, cela est proche de l'idée que l'homosexualité est « contagieuse ».

4-Homophobie institutionnelle : ensemble d'institutions, lois et règlements discriminant les homosexuels.

5-Homophobie haineuse : peur phobique pouvant amener l'individu à des attitudes meurtrières, rejet d'une part de soi-même, peur maladive d'« en-être », peur d'être influencé ; pensée magique reposant sur l'idée qu'en supprimant le mal, on ne risque plus de s'y identifier, d'être tenté.

6-Homophobie sociale : ensemble de normes sociales, éthiques, culturelles favorisant l'hétérosexualité au détriment de l'homosexualité. Privilèges pour les uns, exclusion pour les autres...

7-Homophobie intériorisée chez les homosexuels : sentiment de dévalorisation des homosexuels dû à leur orientation sexuelle, amenant à se détester et à détester les autres homosexuels. Auto-dépréciation due à un fort conditionnement aux normes hétérosexuelles, à une éducation très « hétérocentrée ».

Etude de la notion d'hétérosexisme

Etude de cas concrets, caractérisation, réflexion individuelle et collective...

L'hétérosexisme est un puissant présupposé. Celui qui veut que le monde soit hétérosexuel, que l'hétérosexualité est la seule option valable, qu'elle ne vaut pas l'homosexualité, de fait marginalisée. Fort sentiment d'une inégalité fondamentale des sexualités, inconscient ou revendiqué.

Etude des diverses réactions des gens devant l'homosexualité

Selon l'Echelle de RIDDLE (Dr. Dorothy Riddle, psychologue, Tucson, Arizona), qui va de la condamnation/répulsion à l'admiration/affection en passant par la pitié, l'indifférence, la tolérance, l'acceptation, le respect, le soutien actif pour l'intégration.

-4 = LA CONDAMNATION-RÉPULSION : On pense fermement que les homosexuels sont des gens bizarres, malades, fous et dégoûtants...

-3 = LA PITIÉ : On se dit que les homosexuels sont des gens qui se sont fourvoyés dans une voie qui gâchera leur existence, c'est pitoyable...

-2 = L'INDIFFERENCE : On est indifférent devant les personnes homosexuelles ; aucune adversité, mais aucune défense particulière des gays et des lesbiennes...

1 = LA TOLÉRANCE : L'homosexualité est une chose qu'il faut tolérer. Non souhaitable, on l'espère passagère. Les gays et les lesbiennes doivent néanmoins rester discrets et ne pas influencer les enfants...

+2 = L'ACCEPTATION : On reconnaît les différences de l'autre, l'homosexualité est considérée comme une orientation sexuelle acceptable. L'égalité de traitement et de considération est revendiquée. L' identité de cet autre ne vaut cependant pas la sienne propre.

+3 = LE RESPECT : On est très sensible aux problèmes de discrimination et d'égalité. Il est souhaité une égalité entre les sexualités, partage de certaines revendications homosexuelles. Le respect de l'identité et du comportement homosexuel est important...

+4 = LE SOUTIEN ACTIF POUR L'INTEGRATION : Forte remise en question de soi-même, mais aussi des dogmes hétérosexistes. On intègre dans son discours quotidien l'homosexualité avec la volonté de participer activement aux revendications homosexuelles sans aucune honte, ni inconfort, ni crainte d'exposer ses points de vue progay...

+5 = L'ADMIRATION/AFFECTION : On est heureux de voir les gens pouvoir vivre leur vie. C'est un vrai engagement social et affectif : grande connivence avec les homosexuels, besoin de leur présence. On considère que les homosexuels sont indispensables à la société et à l'environnement personnel. On pense que les différences individuelles quelles qu'elles soient sont enrichissantes et indispensables pour la communauté humaine. Valeur d'humanisme.

8 – SEQUENCES SUR LA NOTION DE STEREOTYPE ET D'HOMOPHOBIE

Au lycée, étudier la notion de stéréotype dans divers contextes

- Pour introduire le sujet, afficher un agrandissement d'une page de la bande-dessinée « Moi raciste ?! » (une brochure, éditée par la Commission Européenne, réunissant un ensemble de gags susceptibles de stimuler la réflexion et la discussion sur le racisme, les préjugés et les exclusions de toutes sortes, y compris homophobes...)
- Dire : « j'écris le mot STEREOTYPE et je voudrais que vous définissiez un ensemble de différents stéréotypes. Caractériser les divers stéréotypes que vous avez pu entendre, remarquer à propos de personnes, de groupes de personnes. Travailler par groupe de moins de cinq élèves, un seul rapporteur note vos idées. »
- Rassembler tous les travaux des élèves faits en petits groupes. Afficher les travaux et les commenter avec les élèves, favoriser une discussion ouverte sur le thème abordé.
- Définir le terme « stéréotype » : « il y a des gens qui pensent que tous les ados sont des dealers » : c'est un stéréotype, « il y a des gens qui disent que les Corses sont des

151

fainéants et les Auvergnats pingres » : ce sont aussi des stéréotypes. Un stéréotype part toujours d'un fait, d'une observation qui concerne une, deux ou trois personnes et qu'on applique à tout un groupe de mêmes personnes. On généralise une particularité sans raison. C'est pourquoi, au regard de la réalité des choses, nous devons apprendre à déconstruire ces idées reçues, ces préjugés.

- Elargir la discussion sur les conséquences du stéréotype ou du préjugé. Mettre en relief ce qui appartient à la discrimination, à la ségrégation, à la marginalisation. S'employer à bien définir ces mots. Et d'autres comme : racisme, stigmatisation, xénophobie, apartheid, ethnocentrisme, sexisme, homophobie, antisémitisme, âgisme, préjugé de classe... Pour conclure, un tableau figurant les différents chemins de l'intolérance depuis le préjugé jusqu'au rejet violent de la personne « différente » pourra être élaboré en sous-groupe...

- Parler des stéréotypes sur les genres. Esquisser un corps masculin et un corps féminin sur le tableau. Puis demander aux jeunes de librement et spontanément exprimer par écrit autant de stéréotypes sur le sexe, les genres masculin/féminin... auxquels ces deux corps leur font penser. À partir de cette amorce, vous pouvez discuter les réponses de chaque élève, répondre à chaque argument avec des contre-exemples tirés de l'actualité (articles de presse, photographies, extraits de vidéos...).

- Un débat peut s'engager en classe entre les garçons et les filles, lesquelles peuvent être susceptibles de remettre en cause nombre de stéréotypes de type machiste.

- Expliquer ensuite comment les stéréotypes, les traits attribués au genre masculin et féminin sont des constructions culturelles qui influent sur la perception des gays et des lesbiennes. Faire réfléchir les élèves sur ces relations, sur les liens entre sexisme et homophobie/hétérosexisme. Étudier la notion d'homophobie (voir précédemment). Possibilité de mener une étude comparative entre « La Question juive » de Jean-Paul SARTRE et « Réflexions sur la question gay » de Didier ERIBON.

- Susciter, pour conclure, des recherches dans les journaux où les élèves devront essayer de décrire et d'expliquer divers incidents spécifiques mettant en lumière les éléments de comportement constitutifs de l'intolérance à l'égard des gays et des lesbiennes, de l'homophobie...

Cet enseignement peut commencer par des exemples relativement éloignés pour en venir à des « histoires » racontées et à l'exposé par les apprenants de cas qu'ils ont observés. Des gays et des lesbiennes pourraient être invités à témoigner en classe d'expériences homophobes. Après avoir décelé les dénigrements et jugements négatifs établis sur la base de généralisations, il conviendra de réfléchir à comment remédier à l'intolérance envers les homosexuels... Ces cours pourront déboucher sur des débats avec d'autres classes ou des conférences auxquelles seront invités des spécialistes universitaires sur ces sujets (Voir le département d'études sur les questions de genres et sexualités, à l'université de Reims).

Au collège, travailler à partir des stéréotypes attribués aux habitants des différents pays de l'Union Européenne

- Faire commenter une affiche qui présente ces stéréotypes européens. Caractériser les différents stéréotypes, déterminer leurs origines, comprendre leurs fondements... Définir les termes.

- Puis conduire directement à une réflexion sur les stéréotypes frappant les homosexuels : « gardez en tête cette question des stéréotypes et demandez-vous ce que vous pensez des gays et lesbiennes ? Demandez-vous ce que vous dessineriez spontanément s'il fallait ajouter, sur ce poster, des stéréotypes concernant les hommes et les femmes homosexuelles en Europe. Vous pouvez dessiner si vous voulez. Réfléchissez pendant une dizaine de minutes. Vous exposerez ensuite vos idées, vos dessins à la classe afin d'en discuter tous ensemble. Aucun jugement de valeur sur les productions ne sera autorisé : on est là pour échanger, réfléchir et apprendre. »

- Poursuivre en disant : « Identifions maintenant ce que vos représentations peuvent nous dire. Sommes-nous certains de ce qui est avancé ? Considérons les parti-pris qui apparaissent. » Amener les élèves à douter. Enchaîner ensuite avec l'exercice suivant : « par deux, demandez-vous ce que vous aimeriez savoir sur les homosexuel-le-s et l'homosexualité. Écrivez une page sur cela. Et on reparle ensuite tous ensemble. »
- A partir des remarques des élèves, rétablisser l'exactitude des faits devant les idées reçues et les stéréotypes. Répondre aux questions. Distribuer un document qui démystifie la réalité homosexuelle, l'existence des homosexuels. Vous pouvez aussi présenter des films documentaires ou inviter des personnes homosexuelles à témoigner.
- Demander aux élèves de réfléchir à l'idée suivante : « Que pourrait-on faire pour tenter d'instaurer la tolérance, le respect au regard de l'assertion : tous différents, tous issus de cultures diverses, mais tous européens – et tous frappés de stéréotypes discriminants?» Débattre de ce que les élèves eux-mêmes peuvent faire. Faire rédiger à partir de ce thème une « Charte Européenne contre les Discriminations culturelles, ethniques, sexuelles ». Pour ce dernier aspect, faire étudier la déclaration européenne d'Amsterdam et expliquer le paragraphe concernant le respect de l'orientation sexuelle. Distribuer des photocopies du texte... Mise en commun des productions obtenues en sous-groupe, élaboration finale de la Charte en groupe-classe... Cette Charte pourra être affichée dans les espaces publics de l'établissement scolaire afin de provoquer discussions et explications. Les parents devront être associés à ce projet.

Le sujet de l'homosexualité est exploitable sous divers angles dans le cadre de travaux personnels et d'exposés (Recherches en bibliothèque, sur internet...)

A l'école, dessiner et jouer pour éduquer à la tolérance et au respect (cours moyen)

- Dans les petites classes de l'école primaire, on pourrait demander aux élèves de dessiner « le jardin de la diversité humaine », illustrant par des visages différents et des couples d'amoureux différents « la merveilleuse panoplie des êtres humains ». En amont de cette activité, des albums ou des histoires, mettant en scène cette diversité d'individus mais aussi d'amoureux, devront être présentés à la classe.

- Chez les plus grands, le maître d'école pourra organiser le jeu du « filet des préjugés »[1]. Les objectifs sont de faire comprendre aux élèves la manière dont les stéréotypes et les préjugés agissent sur les gens (de couleur, handicapés, homosexuels...). Les élèves apprendront à soutenir celui qui est insulté ou humilié par d'autres. Ce jeu de rôle doit s'établir dans un climat de confiance, dans une classe sereine. L'enseignant sollicite un élève volontaire pour représenter un groupe minoritaire. Les élèves commencent à raconter sur le groupe des anecdotes et des plaisanteries basées sur des stéréotypes et des préjugés défavorables (concernant la couleur de peau, l'origine sociale, l'orientation sexuelle des parents, etc...) A chaque anecdote, le maître scotche un bout de ficelle sur la « minorité » pour « marquer un point », l'enfonçant ainsi dans le filet des préjugés jusqu'à ce que les autres élèves l'emprisonnent au point qu'il ne puisse plus bouger ni ouvrir la bouche. Il est pris dans le « filet des préjugés ». L'enseignant demande ensuite à « la minorité » ce qu'elle a ressenti, puis aux élèves : « qu'éprouvez-vous ? Aimeriez-vous tenir ce rôle ? Et si vous aviez des parents gays ou lesbiens, comment réagiriez-vous ? » Les élèves sont ensuite invités à discuter de l'impact des stéréotypes et des préjugés sur les gens et la société, y compris ceux qui concernent les homosexuels. Pour dégager le prisonnier du filet, le maître demande aux élèves de lui dire quelque chose de positif sous la forme réparatrice d'un message de sympathie et d'amitié. Ce jeu permet aux élèves de com-

---

[1] D'après la brochure *La tolérance, porte ouverte sur la paix. Manuel éducatif à l'usage des communautés et des écoles*, UNESCO, 1994.

prendre la cruauté et l'injustice des préjugés, mais aussi qu'il est en leur pouvoir de réduire les préjugés et d'accroître le respect des personnes différentes d'eux. Répondre aux questions des élèves sur l'homosexualité, l'homophobie, et les homosexuel-le-s.

9 – UNE LEÇON DE VIE : DIFFERENCE ET TOLERANCE, RESPECT[1]

L'apprentissage de la tolérance passe nécessairement par un dépassement des images négatives des autres, de cet « autre » différent. Il est très difficile de transcender les images négatives des autres. Le meilleur moyen est de remplacer les stéréotypes par des images et une connaissance de l'autre plus proches de la réalité et de la représentation que l' « autre » différent se fait de lui-même et veut donner au monde. Il s'agit ici d'aider les apprenants à comprendre le sens du mot différence, le sens du mot discrimination et la différence entre les deux. Dans un second temps, il faudra rapprocher ces deux concepts de la réalité homosexuelle en prenant des exemples concrets dans la vie quotidienne des personnes homosexuelles.

- Ecrire au tableau le mot « différence », et demander aux élèves de dire simplement et brièvement ce que ce mot signifie pour eux.

- Inscrire les réponses au tableau sans aucune observation ou analyse.

- Classer ensuite les réponses avec la classe selon qu'elles se rapprochent ou non pour mettre en relief les différentes définitions.

---

[1] D'après la brochure *La tolérance, porte ouverte sur la paix. Manuel éducatif à l'usage des communautés et des écoles*, UNESCO, 1994.

157

- Fournir une définition plus précise du mot « différence » en donnant des exemples. Expliquer le concept de « discrimination » et en quoi il diffère de celui de « différence ». « Une différence n'est qu'une disparité, naturelle ou sociale, entre deux éléments ou deux choses ; la discrimination sépare un groupe social des autres en créant une inégalité sociale entre les deux parties du fait que l'une est définie comme inférieure et l'autre comme supérieure. La différence est une source d'enrichissement tandis que la discrimination est une source d'injustice ou de violence à l'encontre d'une des parties considérées, l'autre tirant profit de cette différenciation discriminatoire. »
- Rapprocher ces deux concepts de la réalité homosexuelle : articles de presse, témoignages, films documentaires...
- Demander enfin aux élèves de faire des recherches en bibliothèque de récits évoquant des personnages qui leur paraissent éloignés d'eux, qui appartiennent à des univers autres de par leurs origines culturelles ou sociales, de par leur orientation sexuelle, ou toute autre particularité afin de repérer les éléments constitutifs de leur différence et ce qu'il convient d'apprendre sur eux pour transcender des représentations négatives et mieux les respecter.

10 – UNE DEMARCHE-TYPE D'ACTIVITE AUTOUR DE LA SAINT-VALENTIN...

- Le jour de la Saint-Valentin peut être un moment de malaise, de confusion, voire relativement irritant pour de jeunes étudiants lesbiennes, gays ou bisexuel-le-s, ou pour ceux qui s'interrogent sur leur sexualité. Les enfants de lesbiennes et de gays, ceux dont des membres de la famille sont homosexuels peuvent aussi s'estimer isolés ou embarrassés. Les jeunes homosexuels peuvent se sentir exclus de la culture scolaire, marginalisés par rapport aux coutumes sociales. Dans les écoles et dans le monde en général, les camarades de classe, les enseignants et à peu près chaque personne, présupposent continuellement que chacun est hétérosexuel. Nous qualifions cette négligence d' « hétérosexisme ».

- Lors de la Saint-Valentin, un certain nombre d'étudiants peut réellement s'estimer victime d'un relatif ostracisme de par les suppositions faites dans la communauté scolaire et de par les discussions qui arrivent à cette époque de l'année. Ils peuvent ne pas se reconnaître ou reconnaître leur vécu dans les nombreux messages sur l'amour entre hommes et femmes. Leur désir, ou le désir de leurs proches peut être occulté.

- L'orientation « homo-amoureuse » demeure largement dissimulée dans la plupart des institutions et aussi au sein des pratiques sociales telles que certaines fêtes. Il convient donc d'inscrire les amours entre hommes et entre femmes, aux côtés des amours hétérosexuelles, dans vos conversations de classe. Nous recommandons que vous manipuliez ce sujet précautionneusement, en donnant à vos étudiants tout l'espace dont ils ont besoin pour négocier leurs propres réponses aux questions que vous soulevez. Faites apparaître que tous les baisers échangés ce jour-ci se valent, affirmez que l'amour est pluriel, que toutes les orientations sexuelles doivent pouvoir célébrer chacune leur union... car c'est juste de question d'amour dont il s'agit, avant toute chose !

- <u>Quelques thèmes pour étayer votre conversation :</u>
  1. la famille, une notion renouvelée.
  2. le couple, vers de nouvelles formes.
  3. la famille homoparentale.
  4. le mariage des gays et des lesbiennes, une nouvelle égalité de traitement revendiquée.
  5. le PACS, avantages et inconvénients, témoignages...
  6. les discriminations à l'encontre des homosexuels, perception actuelle de l'homosexualité.
  7. la situation des homosexuels dans le monde, les agressions homophobes...

- <u>Quelques idées pour développer votre conversation :</u>
  1. Commencer la discussion en demandant à vos étudiants de définir « une famille ». Poser ensuite les questions suivantes : combien de couples mariés sont enregistrés ? Peut-on connaître le nombre de concubins ou personnes vivant maritalement ? A combien s'élève le nombre de famille dont les parents sont divorcés ? Combien de jeunes vivent dans des ménages de deux parents, ou avec un seul parent ? Combien de jeunes vivent avec un beau-parent (remariage) ? Éviter de leur demander lesquels vivent ces cas de figure, par discrétion et tact (certains pourraient justement mentir de peur du regard des autres). Distribuer des documents statistiques, les faire analyser par les élèves. Leur demander d'en tirer des enseignements. Reprendre ensuite les chiffres les plus significatifs, afin

d'amorcer la démonstration d'une lente mais profonde mutation du paysage familial en France mais aussi dans d'autres parties du monde. Expliquer que la notion de famille a évolué au fil des époques. Faire un bref historique sur cette évolution au cours des siècles et principalement au cours du 20e siècle : famille nucléaire ou élargie, famille recomposée, famille monoparentale, et maintenant famille homoparentale... Définir l'association libre (ou concubinage, ou « vie maritale »), les droits, les désavantages, les familles constituées avec des parents non mariés...

2. En parallèle, présenter le développement du célibat et de la vie en couple sous diverses formes (sous un même toit ou non, colocations, etc...), en divers lieux : célibat urbain, célibat rural,... Préciser clairement qu'il n'y a plus de modèles définis des notions de famille et de couple, mais une constante évolution, pas de « norme » en la matière. Présenter des textes d'un sociologue de la famille (cf. François de Singly)

3. Faire étudier des textes sur les familles dont les parents sont gays ou lesbiennes. Faire réagir les étudiants, leur demander d'argumenter. Donner les précisions utiles. Effectuer une synthèse des informations collectées, un panorama de ces nouvelles formes de vie familiale...

4. Demander ensuite à vos étudiants si les personnes homosexuelles peuvent se marier. Quelques élèves profitent de cette occasion pour faire des commentaires de dénigrement des gays, lesbiennes et bisexuel-le-s. Si vous ne l'avez pas déjà fait, cela pourrait être un temps approprié pour fixer quelques règles de conduite sur ce qui peut être dit dans la salle de classe et quelques directives au sujet de la notion de tolérance. (Exemple : les mots comme « pédé », « tapette », « pédale » ou « gouine » ne sont pas acceptables dans votre salle de classe.) C'est une précision importante pour les valeurs générales auxquelles vos étudiants tiennent, et en même temps, pour être respectueux et attentif aux autres, aux personnes susceptibles d'être homosexuelles ou concernées par ce sujet et dont vous ne soupçonnez pas l'existence. C'est déjà un exercice pratique de la

Tolérance de s'interdire de dire des injures, puis ultérieurement de s'interdire tout naturellement de les penser parce que la question homosexuelle sera mieux connue et n'inquiétera plus... Lors des conversations, les étudiants doivent reconnaître que la façon de dire des choses – les mots et les expressions qu'ils emploient – peuvent sembler intolérants et blesser d'autres gens. Demander à vos élèves : y-a-t-il des états où deux femmes ou deux hommes peuvent se marier ? Oui, un seul pays l'autorise. Aux Pays-Bas, les lois du 21 décembre 2000 accordent le mariage et l'adoption (à condition que l'enfant ait la nationalité néerlandaise) aux couples homosexuels. La première cérémonie s'est tenue à Amsterdam le dimanche 1er Avril 2001. Quatre couples homosexuels se sont dit « oui » lors du mariage civil présidé par le maire d'Amsterdam. Cette cérémonie constituait une première mondiale. C'était en effet la première fois que se déroulait un mariage civil prévoyant les mêmes droits et devoirs pour les homosexuels que pour les hétérosexuels. Les Pays-Bas sont donc le premier pays au monde à attribuer des droits aussi larges aux couples de même sexe. Ces derniers ont notamment le droit d'adopter un enfant, à la condition que l'enfant ait la nationalité néerlandaise, afin de ne pas générer de conflits avec les organisations d'adoption étrangères. D'autres pays, comme la France avec le PACS (PActe Civil de Solidarité), aménagent des partenariats civils pour les couples d'hommes et de femmes homosexuels. Aux Etats-Unis, des lesbiennes et des gays peuvent se marier dans le strict cadre de quelques églises minoritaires, périphériques aux mouvements chrétiens traditionnels. Demander à vos élèves ce qu'ils pensent du mariage des lesbiennes et des gays. L'idée a été défendu que les mariages entre des hommes gays ou entre des femmes lesbiennes dégraderont le sens de cette célébration et des valeurs sociales. Qu'est-ce que cela signifie-t-il exactement ? Demander à vos étudiants d'examiner cet argument. Les mariages entre les gens hétérosexuels perdront-ils de leur qualité, de leur consécration, seront-ils amoindris si on permet aux gens non-hétéros de se marier ? Ne découragez pas vos étudiants, qu'ils présentent leurs propres avis. Présenter les opinions favorables aux couples homosexuels, de personnalités religieuses, politiques, du monde des arts et de la culture ainsi que d'individus de la société civile (articles de presse, vidéos,...). Demander à vos élèves si les homosexuels doivent bénéficier des mêmes avantages que les hétérosexuels. Une égalité de traitement entre homos ou hétéros, ne passe t-elle pas aussi par le droit au mariage ? Préciser auparavant quels sont certains des bénéfices et facilités offerts par le mariage légal (déclaration de revenus commune avec taux propres aux familles et exemptions diverses, l'éducation commune et l'autorité parentale partagée, l'adoption, l'assurance commune, les droits de succession, le droit à un congé de maladie pour soigner un conjoint ou un enfant, les droits liés à l'immigration, etc...). Demander à votre classe : est-ce qu'il est juste que certaines personnes obtiennent ces bénéfices et d'autres non ? Des étudiants peuvent s'interroger sur les raisons qui poussent les homosexuels à vouloir se marier. Poser la question : si vous étiez gai ou lesbienne, pourquoi voudriez-vous être épousés ? Exposer que les gens amoureux trouvent le mariage utile, que certaines personnes constatent qu'il y a vraiment une personne avec qui elles veulent partager leur vie, que les amoureux souhaitent aussi consacrer leur amour (le confirmer, le faire publiquement reconnaître, le rendre durable et sacré), ce qui est une démarche très noble. Expliquer alors en quoi justement certains couples homosexuels souffrent de ne pouvoir partager la liesse des amoureux de la Saint-Valentin. Ajouter que tous les gays et les lesbiennes ne souhaitent vraisemblablement pas se marier. Appliquer cela aux parents de vos étudiants. Pas tous sont (ou ont été) mariés ; mais certains le seront. Vos étudiants peuvent répondre que leurs parents, ou les gens hétérosexuels se marient pour avoir des enfants. Expliquer que certaines personnes homosexuelles souhaitent élever des enfants, pouvoir en adopter, fonder des familles homoparentales...

5. Présenter les dispositions relatives au statut légal du couple homosexuel français : le PACS. Faire étudier des passages significatifs du Que-Sais-Je ? sur le PACS. Entamer une discussion sur la nécessité d'une telle loi, d'une telle reconnaissance légale pour les « homos ». On reproche à la reconnaissance légale des unions homosexuelles le fait de les rendre « normales », de rendre possible un avenir homosexuel, une identification positive pour la jeunesse... Discuter avec les étudiants de la notion de normalité, du fait de rendre valide une orientation sexuelle, du droit au bonheur des personnes quelles que soient leurs orientations amoureuses, et de la question d'identification pour le jeune homosexuel qui ne peut que mieux se réaliser et réaliser que sa vie amoureuse est pleine d'heureuses perspectives, dès lors qu'elle est respectée... Laisser tous les avis s'exprimer. Remettre en place les idées fausses, ou les arguments invalidés par la réalité des faits... Des étudiants peuvent objecter des arguments moraux, poser alors la question : quelle est la place pour la morale dans la construction de la loi ? Comment définissez-vous la moralité ? Certaines personnes définissent leur moralité en termes d'impact sur d'autres, se demandant qui est blessé par cette action. D'autres gens définissent leur moralité comme un rapport personnel avec leur Dieu ou selon un code religieux strict. Pour ces gens, certaines actions sont en soi mauvaises... Laisser les avis s'exprimer, la réflexion individuelle progresser... Présenter les procédures à suivre pour « pacser » : faut-il que les homos et hétéros qui pacsent se contentent d'une signature au greffe d'un tribunal ? Le PACS, union de deux personnes, peut-il donner lieu à une cérémonie plus institutionnelle, une autre dimension plus heureuse, voire festive ? Evoquer les mairies qui commencent à organiser des cérémonies de PACS en plus de la signature du contrat dans les murs du Tribunal d'Instance (notamment dans quelques arrondissements de Paris).

6. Définir les discriminations subies par les personnes homosexuelles. Faire lire des articles de presse, évoquer le droit à la dignité et au respect de la personne,

quelle que soit son orientation sexuelle. Étudier les avancés en matière de droits et de visibilité dont les homosexuels français viennent de bénéficier depuis ces vingt dernières années. Quelle est la perception actuelle de l'homosexualité en France ? Montrer des sondages récents, des articles de presse significatifs. Des élèves peuvent estimer que la presse évoque beaucoup trop souvent les questions homosexuelles. N'évoque t-elle pas la plupart du temps l'hétérosexualité ? Faut-il continuer à cacher l'homosexualité et les homosexuels ? Doit-on taire cette réalité ? Profitez-en pour ouvrir le débat sur la représentation sur la place publique des comportements de gays et de lesbiennes : doivent-ils se dissimuler, ne pas se laisser aller à des démonstrations de tendresse dans la rue, réserver leurs élans affectifs à leur intimité, frôler les murs et ne jamais avoir droit à autant d'expression publique que la majorité hétérosexuelle ? Pourquoi, pour quelles raisons ? Au risque de quelle injustice ou discrimination ? A ce moment, certains étudiants peuvent être tentés de moraliser le débat, de ramener l'homosexualité à sa seule composante sexuelle de manière, qui plus est, réductrice avec la question suivante : est-ce que les gais et lesbiennes ne vivent pas trop dans une grande promiscuité sexuelle ? Est-ce qu'il est même possible qu'ils soient monogames ? Expliquer que la monogamie est le choix de passer votre vie avec une personne et que c'est tout à fait ce que les gais et lesbiennes veulent faire. Vos élèves peuvent demander si cette attitude ne reflète pas seulement une petite partie de la population lesbienne et gaie. Vous pourriez répondre qu'il y a peu d'études définitives. Toutefois, avoir un partenaire amoureux est un idéal fort prisé pour beaucoup de personnes dans les communautés gays, lesbiennes et bisexuel-le-s. Ajouter aussi qu'on ne s'intéresse pas autant aux questions de fidélité, promiscuité sexuelle chez les « hétéros »... et que trop poser certaines questions n'est pas neutre en soi... Et rien ne dit que l'hétérosexualité soit essentiellement monogame... Les homos ou les hétéros ne sont ni plus, ni moins sexuellement actifs (multi-partenariat). C'est avant tout une question de personne.

7. Au terme de la séquence, il convient d'aborder la question des discriminations et actes homophobes en France, des condamnations de l'homosexualité dans certains pays comme l'Arabie Saoudite, l'Egypte, la Roumanie (harcèlements, emprisonnements, tortures, condamnations à mort). Des exemples précis doivent être fournis. Utiliser les ressources documentaires que sont les rapports d'organismes de défense de la Personne humaine et des homosexuels – les Rapports d'Amnesty International (dont : *Identité sexuelle et répression, Brisons le silence*) ; et les Rapports annuels de l'Association SOS Homophobie. Informer vos étudiants des revendications d'associations homosexuelles concernant la criminalisation des propos homophobes, et plus particulièrement d'un projet de loi novateur, en Suède, visant à criminaliser l'incitation à la haine contre les homosexuels. Les dispositions du code pénal concernant l'incitation à la haine contre des minorités (religieuses, ethniques) ou leur discrimination seront étendues aux individus ou communautés visés en raison de leur orientation sexuelle (homosexuels, bisexuels ou hétérosexuels), a précisé le gouvernement suédois dans un communiqué en date du 28 novembre 2001.

– Pour conclure cette conversation didactique, poser la question : jusqu'où faut-il, peut-on, ou doit-on aller en vue d'une réelle égalité de traitement entre l'hétérosexualité et l'homosexualité ? Demander arguments et exemples. Définir les notions d'hétérosexisme et d'homophobie. Expliquer en quoi la journée de la Saint-Valentin est un bel exemple de flagrant hétérosexisme. Le silence sur les amours entre hommes et entre femmes lors de cette fête discrimine de fait des amours par rapport à d'autres que la population générale loue. C'est déjà inférioriser l'homosexualité...

– Cette conversation de type « transdisciplinaire », où tout enseignant peut puiser quelques matériaux et l'utiliser quelle que soit sa discipline d'enseignement lors des interclasses, des moments de respiration qui s'instaurent pendant les cours, pendant la période de la Saint-Valentin, mais aussi en d'autres occasions a pour objectifs d'ouvrir un espace réflexif de dialogue entre étudiants, d'offrir un éventail d'informations sérieuses, de permettre de démystifier des lieux communs. Pouvoir discuter en toute tranquillité sur ce sujet offre la possibilité aux étudiants de confronter leurs avis, montrer leurs divergences, trouver des terrains d'entente s'il y a lieu. C'est aussi leur permettre de clarifier leur position personnelle, les faire éventuellement évoluer, même progressivement. C'est une expérience du débat démocratique et serein, un exercice pratique de la citoyenneté. Le mariage pour les homosexuels, qu'en pensent-ils ? Encouragez vos étudiants à continuer à réfléchir sur le sujet, à poursuivre leurs discussions. Il peut être possible de rouvrir le débat ultérieurement, avec des conférences, des intervenants extérieurs, des projections de films dans le cadre d'activités de type extra-scolaire. Vos élèves vont probablement, pendant leurs jeunes années adultes, envisager l'examen de leurs propres codes moraux. Ce type de conversation est un moment capital pour reconnaître ses valeurs morales...

– Prolongements :

1 – Une étude comparative entre les diverses législations européennes au sujet de l'homoparentalité peut compléter la réflexion et l'analyse de vos étudiants sur les enjeux sociétaux posés par l'homosexualité aux sociétés contemporaines occidentales, aux divers pays de l'Union Européenne. (Source : www. senat. fr)

Mini-note de synthèse sur la question de l'homoparentalité (2001) :

A l'occasion du deuxième anniversaire du pacte civil de solidarité, les revendications relatives à l'homoparentalité ont ressurgi en France. Elles fournissent l'occasion d'examiner la réponse qu'y apportent quelques pays européens, qu'ils aient, comme l'Allemagne, la Belgique, le Danemark, les Pays-Bas et le Portugal, introduit un dispositif juridique comparable au pacte civil de solidarité, ou qu'ils ne l'aient pas fait, comme l'Angleterre et le Pays de Galles, ainsi que l'Espagne. L'homoparentalité soulève quatre questions principales :

– l'adoption par un couple homosexuel ;

- l'adoption par un homosexuel des enfants de son partenaire ;
- le partage de l'autorité parentale dans les couples homosexuels ;
- l'accès des homosexuelles vivant en couple à l'assistance médicale à la procréation.

L'examen des dispositions en vigueur dans les sept pays retenus fait apparaître que :

- les Pays-Bas sont le seul pays où un couple d'homosexuels puisse adopter un enfant ;
- les législations danoise et hollandaise sont les seules qui autorisent explicitement l'adoption d'un enfant par le partenaire homosexuel de son père ou de sa mère ;
- les Pays-Bas, l'Angleterre et le Pays de Galles et, à un moindre degré l'Allemagne, permettent à un couple d'homosexuels de partager l'autorité parentale ;
- l'Allemagne et le Danemark sont les seuls pays où la loi réserve l'accès à l'assistance médicale à la procréation aux femmes qui vivent au sein d'un couple hétérosexuel.

Les pays qui ont institué un dispositif comparable au pacte civil de solidarité ne répondent guère aux revendications relatives à l'homoparentalité. Les Pays-Bas l'ont fait en offrant aux homosexuels l'accès au mariage.

2 – Une conversation didactique sur les signes encourageants de tolérance et de respect[1] envers les gays et les lesbiennes donne la possibilité aux élèves de se projeter comme acteur sociétal agissant pour les générations futures et d'évaluer les nécessaires actions à mener en faveur des gays et des lesbiennes, de l'homosexualité...

LANGUE : Absence d'apostrophes sexistes et homophobes.
Les médias, les publications, les collègues utilisent un langage neutre en ce qui concerne les sexes et les homosexuel-le-s. Ils évitent d'utiliser des adjectifs ou des ver-

---

[1] D'après la brochure *La tolérance, porte ouverte sur la paix. Manuel éducatif à l'usage des communautés et des écoles*, UNESCO, 1994.

bes impliquant un préjugé pour décrire une réalité, des évènements, des personnes...

ORDRE PUBLIC : Egalité entre les personnes quel que soit le sexe ou l'orientation sexuelle, c'est-à-dire l'égalité d'accès aux avantages sociaux, aux activités publiques et aux possibilités éducatives et économiques...

RELATIONS SOCIALES : Fondées sur le respect mutuel de la dignité humaine.

PROCESSUS POLITIQUE : Démocratique avec des chances égales de participation aux gouvernements et d'expression publique pour les femmes et les personnes homosexuelles ou bisexuelles...

MANIFESTATIONS CULTURELLES : Prise en compte de la sensibilité de tous (y compris des femmes et des homosexuel-le-s) pour la célébration d'évènements historiques, de fêtes nationales ou « communautaires »...

RELATIONS MAJORITE/MINORITE : Ouverture de cadres sauvegardant dans tous les lieux de la vie publique la spécificité des groupes « minoritaires » (dans les entreprises, dans les cités, dans les écoles...).

COOPERATION ENTRE GROUPES : Faire siennes les préoccupations communes à la collectivité toute entière. Démarche « républicaine » fondée sur le dialogue où tous les groupes coopèrent à la recherche de solutions pertinentes aux problèmes et aux controverses de la vie publique. Participation à la réalisation des objectifs sociaux communs.

Etc...

GLOSSAIRE

ABUS LANGAGIER : Dénigrement et expressions péjoratives ou d'exclusion qui déprécient, rabaissent et déshumanisent des groupes culturels, raciaux, nationaux ou sexuels.

ACTE HOMOPHOBE : c'est refuser, dans les actes quotidiens, un droit, un bien, un service à une personne, homme ou femme, en raison de son homosexualité avérée ou supposée... C'est aussi une agression physique, écrite ou verbale, la diffamation, à l'égard de personnes, hommes ou femmes, au seul motif d'une homosexualité vraie ou supposée. C'est également l'incitation à la haine, à la violence, ou à la discrimination.

ACTE SEXUEL : relation amoureuse, acte physique de plaisir, accouplement.

ANTISEMITISME : Attitudes et comportements fondés sur des préjugés anti-juifs, discriminations et persécutions perpétrées contre les Juifs. Racisme à l'égard des Juifs.

APPAREIL GENITAL : Organe sexuel, mâle ou femelle, permettant la reproduction humaine et procurant du plaisir aux hommes et aux femmes.

APARTHEID : Régime politique de ségrégation (séparation) raciale (aujourd'hui aboli en Afrique du Sud).

BRIMADES : Comportements visant délibérément à intimider et à humilier les autres, souvent dans l'intention de les forcer à quitter la communauté, l'organisation ou le groupe. La force physique ou une supériorité numérique peut être utilisée pour les priver de leurs biens ou de leur statut.

BOUC-EMISSAIRE : Personne rendue responsable de toutes les fautes (par allusion à la coutume biblique consistant à charger un bouc de tous les péchés d'Israël et à le chasser dans le désert.)

CODES : Système de symboles ou de références qui encadrent l'existence de groupes humains dans des lieux et des époques différents...

CONTRE-NATURE : Qui va à l'encontre de la nature des choses, qui n'est pas naturel...

CULTURE DE LA PAIX : Reconnaissance de l'interdépendance et des universaux humains, et engagement à œuvrer en faveur d'aménagements positifs de la diversité dans un monde interdépendant. L'appréciation des formes particulières de la diversité humaine en est une condition, ainsi qu'une capacité à intégrer les différences de manière à enrichir et à renforcer la société.

DEMOCRATIE : Régime politique dans lequel la souveraineté appartient à l'ensemble des citoyens.

DESTRUCTION : Internement, voies de fait, refoulement hors de la zone où les intéressés gagnent leur vie, attaques armées et meurtres (y compris le génocide).

DESIGNATION D'UN BOUC EMISSAIRE : On fait porter la responsabilité d'événements traumatisants ou de problèmes sociaux à un groupe particulier. Personne que l'on charge des fautes commises par d'autres.

DISCRIMINATION : Action de mettre à part au détriment de ceux qui le sont, fait d'exclure pouvant aboutir à une situation de marginalisation. Privation d'avantages sociaux ou exclusion d'activités sociales pour des motifs tenant essentiellement à des préjugés. Distinction, exclusion, ou préférence fondée sur un motif et qui a pour effet de priver une personne ou un groupe de la reconnaissance ou de l'exercice de libertés ou droits de la personne.

EGALITE : C'est le contraire de la discrimination. C'est une reconnaissance publique, générale, effective, exprimée réellement par les institutions et par les mœurs. Un principe général qui veut que la même quantité de respect et d'égards est due à chaque être humain la guide. Ce respect de l'être humain ne peut supporter de degré.

ETHNOCENTRISME : Loyauté ou fidélité envers son groupe d'appartenance, accompagnée d'un jugement négatif et dévalorisant des autres. Exclusion sur la base de la culture ou de la langue, fondée sur l'idée qu'il y aurait des niveaux différents de valeur et d'avancement entre les cultures.

EXCLUSION : On refuse aux autres toute possibilité de pourvoir à leurs besoins fondamentaux et/ou de participer pleinement à la vie sociale, et en particulier aux activités communautaires.

EXPULSION : Décision officielle ou voies de fait pour expulser ou pour refuser le droit d'entrée ou la présence en un endroit, au sein d'un groupe social, d'une profession ou en tout lieu où se déroule une activité de groupe, y compris ceux dont dépend la survie, tels que lieux de travail, logements, etc.

FASCISME : Croyance selon laquelle l'Etat ne doit tolérer ni dissidence ni diversité et est habilité à exercer un contrôle sur la vie des citoyens.

GENRE : Relatif au masculin et au féminin.

GONZESSE : Terme familier désignant une femme ou une fille, plutôt négatif. Ce mot provient de l'italien « gonzo » qui veut dire lourdaud donnant également en langue française le mot argotique gonze, très vieilli, désignant un individu, un type, un mec.

HARCELEMENT MORAL : Processus de destruction morale d'un individu, qui a un pouvoir d'acharnement, sur un autre. Cette violence, qui s'attaque à la représentation que l'on a de soi et à celle que l'on veut donner aux autres, peut conduire à la maladie mentale ou au suicide. Processus pervers qui renvoie à la notion d'abus, pouvant commencer par un abus de pouvoir, se poursuivant par un abus narcissique (perte de toute estime de soi) et pouvant aboutir à un abus sexuel (viol).

HETEROSEXISTE : Fait de considérer une inégalité entre les sexualités au détriment de l'homosexualité.

HOMOPHOBIE : Toute manifestation, avouée ou non, de discrimination, d'exclusion ou de violence à l'encontre d'individus, de groupes ou de pratiques, homosexuels ou perçus comme tels, au motif de l'homosexualité. L'acte homophobe est une manifestation de pouvoir consistant à désigner autrui comme différent, contraire et surtout inférieur ou anormal.

MACHISME : Idéologie et comportement fondés sur l'idée que l'homme doit dominer la femme. C'est faire primer, en tout, de supposées vertus viriles. Un macho est celui qui adopte cette idéologie.

MARGINALISATION : Fait de placer en marge, mettre à l'écart. Tendance à exclure quelqu'un, à lui faire perdre son intégration sociale.

GENOCIDE : Extermination systématique d'un groupe humain, ethnique ou religieux.

MENTALITES : Manière habituelle de penser et de se comporter.

MOQUERIE : L'attention est appelée sur les comportements, caractéristiques et signes distinctifs de certaines personnes pour les ridiculiser ou les insulter.

NORMALITE : Qualité de ce qui est conforme à la règle, au principe servant de référence.

ORIENTATION SEXUELLE : Fait d'être affectivement et sexuellement attiré par une personne du sexe opposé ou bien du même sexe ; plus familièrement : être « hétéro » ou être « homo ». Une personne bisexuelle est autant attirée par les personnes de même sexe que par les personnes de sexe opposé.

OSTRACISME : On se comporte comme si l'autre n'était pas présent ou n'existait pas. On refuse de lui parler ou de le reconnaître ou de reconnaître sa culture (ce qui comprend l'ethnocide).

PERVERSITE : Comportement de recherche du plaisir sexuel hors accouplement, certains de ces comportements peuvent être considérés comme anormaux ou asociaux.

PERSONNALITE : Ensemble de caractères permanents d'une personne qui déterminent sa singularité et son originalité.

PREJUGE : Jugement établi sur la base de généralisations et de stéréotypes négatifs au lieu de reposer sur des faits réels ou sur le comportement particulier d'un individu ou d'un groupe. Opinion préconçue, parti-pris avant d'avoir examiné toutes les données.

PROFANATION ET DEGRADATION : Formes de profanation de structures ou symboles religieux ou culturels visant à déprécier et à ridiculiser les croyances et l'identité de ceux pour qui ces structures et symboles ont un sens.

RACISME : Théorie, idéologie ou système de pensée qui consiste à classer les êtres humains en race pour ensuite les hiérarchiser, établir la supériorité de certains groupes et justifier la domination, l'exclusion de ceux considérés comme inférieurs ou la purification ethnique. Déni des droits de l'homme fondé sur la race, justifié par l'affirmation selon laquelle certains groupes raciaux seraient supérieurs à d'autres.

REPRESSION : Privation par la force de la jouissance des droits de l'homme.

RESPECT DE LA DIFFERENCE : Reconnaissance des aspects positifs de la diversité. Le contact, une attitude favorable à la présence d'autres personnes différentes dans notre sphère sociale, encourage une attitude respectueuse à l'égard des personnes qualifiées de différentes.

SEGREGATION : Séparation forcée de personnes de races, religions ou sexes différents, en général au détriment d'un groupe (ce qui comprend l'apartheid).

SEXISME : Attitude discriminatoire fondée sur le sexe, discrimination à l'encontre des femmes dévalorisées par rapport aux hommes; plus généralement le féminin est infériorisé par rapport au masculin. Politiques et comportements excluant les femmes d'une participation pleine et entière à la vie de la société et de la jouissance de tous les droits de la personne humaine, reposant sur le postulat selon lequel les hommes seraient humainement supérieurs aux femmes.

SIDA : Maladie infectieuse contagieuse qui est transmissible par voie sexuelle ou sanguine. Elle représente la phase terminale de l'infection par le VIH (séropositivité).

STEREOTYPES : Tous les membres d'un groupe sont décrits comme ayant les mêmes caractéristiques, d'ordinaire négatives. Lieux communs. Opinion toute faite qu'on applique indistinctement à tous les membres d'un groupe. Idées toutes faites développées à partir de sa propre expérience concernant certains individus et généralisée à tout le groupe.

SOCIETES : Ensemble organisé d'individus dont les relations sont régies par des règles, des coutumes.

TOLERANCE : Reconnaissance du droit des autres à la vie et à l'existence. Attitude qui consiste à admettre chez autrui une manière de penser ou d'agir différente de celle qu'on adopte soi-même. Tolérance, en chinois : autoriser, admettre, être généreux envers les autres. Tolérance, en arabe : pardon, indulgence, clémence, pitié, miséricorde, supporter avec patience, accepter autrui et pardonner...

XENOPHOBIE : Hostilité de principe à l'égard des étrangers. Peur et aversion à l'égard des étrangers et de ceux qui appartiennent à d'autres cultures ; croyance selon laquelle « ceux de l'extérieur » porteront préjudice à la société.

BIBLIOGRAPHIE

AMNESTY INTERNATIONAL, *Briser le silence. Violations des droits de l'homme liées à l'orientation sexuelle*, Paris, Amnesty International, 1998.

AMNESTY INTERNATIONAL, *Identité sexuelle et persécutions*, Paris, 2000.

ADDA J. DREYFUS H. WOLFF C., *Education sexuelle et adolescence – De la réflexion à l'attitude pédagogique*, CRDP de l'Académie de Grenoble, 1998.

ARON C., *La bisexualité et l'ordre de la nature*, Paris, Odile Jacob, 1996.

BADINTER E., *XY, De l'identité masculine*, Paris, Odile Jacob, 1992.

BERSANI L., *Homos*, Paris, Odile Jacob, 1998.

BONNET M-J., *Un choix sans équivoque*, Denoël-Gonthier, 1981.

BONNET M-J., *Les relations amoureuses entre les femmes*, Paris, Odile Jacob, 1995.

BORY J-L. HOCQUENGHEM G., *Comment nous appelez-vous déjà ? Ces garçons que l'on dit homosexuels*, Calman-Lévy, 1977.

BORILLO D., *L'homophobie*, Que sais-je n° 3563, Paris, PUF, 2000.

BORILLO D. LASCOUMES P., *L'homophobie, comment la définir, comment la combattre*, Paris, Prochoix, 1999.

BOSWELL J., *Christianisme, tolérance sociale et homosexualité*, Gallimard, Paris, 1985.

BOURDIEU P., *La domination masculine*, Paris, Seuil, 1998.

CAUSSE M., *Quelle lesbienne êtes-vous ?*, Paris, Ed. Parole de lesbiennes, 1996.

COCTEAU J., *Le Livre Blanc et autres textes*, Paris, Le Livre de poche, 1999.

COUROUVE C., *Vocabulaire de l'homosexualité*, Paris, Payot, 1985.

DOUSTALY T., *Guide du PACS*, Les essentiels, Milan, 2000.

DORAIS M., *Mort ou fif*, Montréal, VLB Editeur, 2001.

ERIBON D., *Réflexions sur la question gay*, Paris, Fayard, 1999.

ERIBON D. (Dir.), *Les études gay et lesbiennes*, Coll. Supplémentaires, Paris, Editions du Centre Pompidou, 1998.

FAIRCHILD B., HAYWARD N., *« J'ai quelque chose à vous dire... » faire face à l'orientation sexuelle de son enfant*, Ed. de l'Homme/Sogides, 1991.

FASSIN E., *Politiques de l'Histoire in « Homosexualités »*, Actes de la Recherche en Sciences Sociales, Paris, Seuil, décembre 1998.

FERNANDEZ D., *Le rapt de Ganymède*, Grasset, 1989.

FOUCAULT M., *La volonté de savoir*, Paris, Gallimard, 1976.

FOUCAULT M., *Dits et écrits*, Paris, Gallimard, 1994.

GRECO C., *Julien, toi qui préfères les hommes*, Editions Critérion, 1994, rééd. 1998.

HOCQUENGHEM G., *Le désir homosexuel*, Paris, Editions Universitaires, 1972.

JENNINGS K., *Becoming Visible : a Reader in Gay and Lesbian History*, Los Angeles, Alyson Books, 1994.

LAGRANGE H., LHOMOND B. (dir.), *L'entrée dans la sexualité : les comportements des jeunes dans le contexte du sida*, Paris, La Découverte, 1997.

LARIVIERE M., *Homosexuels et bisexuels célèbres*, préface de Pierre Bergé, Paris, Editions Deletraz, 1997.

LARIVIERE M., *Pour tout l'amour des hommes. Anthologie de l'homosexualité dans la littérature*, Paris, Editions Deletraz, 1998.

LEROY-FORGEOT F., *Histoire juridique de l'Homosexualité en Europe,* Coll. Médecine et Société, Paris, PUF, 1997.

MECARY C. LEROY-FORGEOT F., *Le PACS*, Que sais-je n°3566, Paris, PUF, 2000

MENDES-LEITE R., *Le sens de l'altérité – Penser les (homo) sexualités*, Coll. Sexualité Humaine, Paris, L'Harmattan, 2000.

PASTRE G., *De l'amour lesbien*, Femmes en mouvement, éd. Pierre Horay, 1980.

PICOD C., *Sexualité : leur en parler, c'est prévenir*. Toulouse : Erès, 1994.

POVERT L., *Dictionnaire Gay*, Coll. Dico Compil, Paris, Ed. Michel Grancher, 1994.

SPENCER C., *Histoire de l'homosexualité de l'Antiquité à nos jours*, Paris, Le Pré aux Clercs, 1998.

SOS HOMOPHOBIE, *Rapport 2001 sur l'homophobie*, Paris, 2001 (Diffusion KTM Editions).

TIN L-G. (dir.), *Homosexualités, expression/répression*, Paris, Stock, 2000.

TIN L-G. (dir.), *Dictionnaire de l'Homophobie*, A paraître aux Editions Stock à l'automne 2002.

VAISMAN A., *Sexe, amour et sentiments*, Coll. Référence, Paris, La Martinière, 1997.

WELZER-LANG D. DUTEY P. DORAIS M. (dir), *La peur de l'autre en soi – Du sexisme à l'homophobie*, Montréal, VLB Editeur, 1994.

WITTIG M., *The Straight Mind*, Boston, Beacon Press, 1992.

FILMOGRAPHIE

Etre et se vivre homo : Film documentaire pour les éducateurs, tourné à l'UEEH 2000 (Universités Euro-méditerranéennes des Homosexualités) et réalisé avec le concours de la DRASS 13 - Direction Régionale de l'Action Sanitaire et Sociale. Six jeunes gens racontent le cheminement, long et complexe, qui dès l'enfance, l'adolescence les conduit à s'identifier homosexuels et lesbiennes. Si l'affirmation de soi n'est pas une étape spécifique aux jeunes homosexuel-le-s, elle prend dans ce cas une dimension plus « dramatique » en raison de la stigmatisation culturelle qui exerce une violence insupportable sur des personnes qu'anime seulement l'appétit de se vivre. Un excellent film, riche d'enseignements et d'émotions, à diffuser dans les salles des professeurs des établissements scolaires, dans les salles de cours des IUFM (Institut Universitaire de Formation des Maîtres) afin d'amorcer des discussions entre enseignants et chefs d'établissements ainsi que des modules de formation initiale et continue sur l'homosexualité et l'homophobie.

Informations: http://www.ueeh.org

It's elementary (parler de l'homosexualité à l'école) : Film documentaire de Debra Chasnoff (Oscar du meilleur documentaire en 1991) et Helen Cohen. Diffusion Lambda-Education. Les deux réalisatrices ont franchi la porte de six écoles à travers les Etats-Unis et ont capturé les témoignages d'enfants de 6 à 15 ans, ainsi que les analyses des enseignants autour du thème de l'homosexualité. It's Elementary est un documentaire saisissant, qui montre sans artifice l'image que les enfants ont des gays et des lesbiennes, leurs préjugés candides, leurs questions et leurs sentiments. De la Californie au Massachusetts, enfants et professeurs réfléchissent sur la discrimination, s'affranchissent de leurs stéréotypes, et s'interrogent sur la vie en communauté, sur les différences personnelles, familiales et sociales. Que se passe-t-il lorsque des enseignants abordent le sujet de l'homosexualité avec les élèves de l'école primaire ou du collège ? Les séquences drôles et émouvantes de « It's Elementary » démystifient les notions de prosélytisme ou de mauvaise influence qui surgissent dès qu'on associe homosexualité et éducation. Les préjugés homophobes et la violence verbale et physique peuvent être évités si les enfants ont l'occasion d'aborder assez tôt le thème de l'amour entre personnes de même sexe en classe. Si les enfants ne sont pas trop jeunes pour véhiculer des idées préconçues, se lancer des insultes et avoir peur de la différence, ils ne sont certainement pas trop jeunes pour qu'on leur parle objectivement des diverses formes de l'amour et pour apprendre à respecter chacun. Hymne à l'ouverture et au dialogue, It's Elementary souligne la nécessité de briser le silence qui entoure un sujet qui touche la vie de chacun. Selon l'association des bibliothèques américaines, c'est « Une production exceptionnelle. Hautement recommandé pour les parents, les éducateurs et autres adultes. »

Informations: http://www.lambda-education.ch

En projet : « *Amours plurielles* », un film documentaire, inspiré d'un film vidéo italien Nessuno Ugual (*Personne n'est parfait*), interrogeant sur la sexualité des lycéens de la région de Rennes. (A diffuser dans les lycées).

A cause d'un garçon, téléfilm français de Fabrice Cazeneuve, 2001. Bon élève au lycée, champion en natation, et gentil camarade, Vincent mène une double vie. Il a un amant qui, lui, assume parfaitement son homosexualité. Miné par un aveu impossible, la rumeur se charge de révéler son secret. L'épreuve est cruelle. Les railleries des lycéens, la gêne des professeurs, l'inquiétude des parents et l'agressivité de son frère rendent particulièrement cuisante sa réflexion: « qu'est-ce que je vais faire de ma vie ? » Belle interprétation pour un scénario vrai, élaboré et novateur.

Another country, film britannique, 1997. Les aventures homosexuelles d'un jeune homme de bonne famille dans une école anglaise victorienne. Plus qu'un film sur le désir de jeunes adultes, *Another Country* montre l'univers des écoles anglaises très strictes...

Beautiful Thing, film de Hettie Mc Donald, 1996. Jamie, incompris par sa mère, tombe amoureux de son voisin, maltraité par son père. Des amours adolescentes et homosexuelles vécues par des jeunes anglais dans une banlieue où la vie n'est pas facile.

Boys don't cry, de Kimberly Pierce, 2000 – Oscar 2000 de la meilleure actrice pour Hilary Swank. D'après la véritable histoire de Brandon Teena, une femme assumant mal sa condition de fille, qui, sous l'apparence d'un jeune garçon au sourire charmeur, tombe amoureuse d'une fille du groupe de jeunes désœuvrés qu'elle fréquente...

Comme un garçon, de Simon Shore, 2000. Steven est victime d'un amour impossible, inavouable. Il aime un garçon qui refuse de s'afficher en public avec lui. Alors Steven devra choisir entre la vérité et le mensonge, entre le courage et la honte, entre faire comme les autres ou trouver son propre chemin...

Des chambres et des couloirs, film de Rose Troch. Comédie légère sur les relations sentimentales plutôt complexes que vivent deux amis gays londoniens en colocation. Film un peu naïf qui évite cependant les clichés.

Drôle de Félix, film de Martineau et Ducastel. Road movie sentimental à la française entre Dieppe et Marseille, avec Félix et Daniel, où le héros va se construire une famille idéale : un petit frère, une grand-mère, un cousin, une soeur...

Fucking Åmål, film suédois de Lukas Moodysson, 2000. Amal est une petite ville suédoise où vivent et s'ennuient

Elin et Agnès, deux adolescentes de 15 et 16 ans. Agnès vit dans le secret de son journal intime, elle est amoureuse d'Elin. Mais, elle voudrait bien que tout le monde le sache... Film romantique, réaliste, dur et léger.

Garçon d'honneur, film de Ang Lee 1993. Histoire d'un garçon asiatique qui vit avec un jeune américain et que ses parents veulent marier à distance, ignorant son homosexualité...

Gay et pas froid aux yeux, film de Rosa Von Praunheim Documentaire & fiction qui retrace le militantisme gay en Allemagne au cours du siècle dernier.

Go Fish, film de Rose Troche, 1994. Film lesbien par définition, réalisé et joué uniquement par des femmes, qui montre la vie d'un groupe de lesbiennes de Chicago. Film quasi expérimental à mi-chemin parfois entre la fiction et le documentaire.

Happy Together, film de Won Kar Wai. Lai et Ho quittent Hong-Kong mais se séparent une fois arrivés en Argentine. Lai repousse Ho quand il tente de redevenir son amant...

High Art, de Lisa Cholodenko, 1998. L'amour de deux femmes dans l'enfer de la drogue et l'hypocrisie du monde artistique.

In & Out, film américain, 1997. Un professeur découvre par « accident » son homosexualité à la veille de son mariage. Intéressante scène sur les stéréotypes associés à la virilité. Coming-out général et burlesque...

Jeffrey, de Christopher Ashley. Un film « arc-en-ciel », un festival d'humanité qui tourne le dos aux idées reçues sur l'homosexualité masculine.

Juste une question d'amour, téléfilm français de Christian Faure, 2000. Rencontre amoureuse entre deux jeunes adultes, coming-out familial, heurts et sentiments... Ton juste, film réaliste et émouvant.

La répétition, film de Catherine Corsini. Deux femmes qui ont la trentaine se retrouvent, l'une tombe éperdument amoureuse de l'autre, une passion excessive filmée avec pudeur et froideur...

L'escorte, de Denis Langlois. Ironie, tendresse et homosexualité, à l'ère du SIDA. Une histoire aigre-douce qui égratigne gentiment les citadins empêtrés dans leurs petits problèmes, symptômes de bouleversements bien plus fondamentaux...

Les roseaux sauvages d'André Téchiné, 1994. Histoire d'un adolescent se découvrant homosexuel à travers un jeu de relations amicales...

Les voleurs, film d'André Téchiné, 1996. Une jeune femme est confrontée au dilemme suivant : comment dire à son amant qu'elle préfère une femme ?

L'omelette, de Rémi Lange, 1997. Journal filmé de l'annonce de l'homosexualité du réalisateur à sa famille...

Méprises multiples, de Kévin Smith, 1997. La découverte de l'homosexualité de la jeune fille qu'il aime plonge un jeune homme dans le désespoir...

Muriel fait le désespoir de ses parents, film de Philippe Faucon. Une jeune fille annonce son homosexualité à ses parents, le film décrit les réactions et les sentiments des différents personnages.

My beautiful laundrette, film de Stephen Frears, 1985. Comédie et étude d'une Grande-Bretagne multiraciale où certains habitants rêvent d'une intégration sociale souvent difficile, bien plus encore lorsque les héros sont gays...

Presque rien, film de Sébastien Lifshitz, 2000. Une aventure sentimentale de vacances entre Mathieu et Cédric, 18 ans tous deux, qui devient, jour après jour, de petits conflits en étreintes, d'insouciances en provocations, une intense histoire d'amour...

Sexe révélations. If These Walls Could Talk – Si ces murs avaient des oreilles – est le titre original du triptyque. Ces 3 moyens métrages se déroulent dans la même maison mais à trois époques différentes, avec trois générations de lesbiennes qui retracent l'évolution historique en trois mouvements : le tabou des années 60 ; la libération sexuelle et le féminisme des années 70 ; le couple lesbien confronté au besoin maternel en 2000. Trois films, trois couples, trois générations de lesbiennes qui s'aiment. Un casting de choc avec chronologiquement : Vanessa Redgrave et Marian Seldes, Michelle Williams et Chloë Sevigny, Sharon Stone et Ellen DeGeneres. Des femmes émouvantes, drôles, et toujours vraies.

The celluloid closet, film documentaire de Rob Epstein et Jeffrey Friedman. Extraits de 120 films de 1895 à nos jours qui présentent un certain nombre de rapports ambigus entre Hollywood et l'homosexualité. Ce film dévoile une face cachée du cinéma américain.

Une vie normale, film d'Angela Pope. Oliver, un petit garçon de neuf ans, entre un papa gay et un beau-père homophobe qui le frappe pour qu'il devienne « normal »...

Vie brûlées, de Marcelo Pineyro. Deux gangsters professionnels gay espèrent qu'un « gros coup » leur permettra de retrouver leur amour d'antan, l'association parfaite qu'ils formaient jadis...

When night is falling, film de Patricia Rozema, 1995. Deux femmes découvrent que l'amour permet de dépasser la peur du « qu'en dira t-on »...

NUMEROS DE TELEPHONE, SITES INTERNET

Un numéro vert sur la sexualité et la contraception vient d'être lancé en décembre 2001 à Paris. Le 0 800 803 803 peut être appelé gratuitement et anonymement du lundi au vendredi de 9h30 à 19h30 et le samedi de 9h30 à 12h30. Il est destiné à tous ceux et celles qui souhaitent obtenir des informations, des conseils ou des réponses à des problèmes liés à la sexualité.

La ligne AZUR, le 0 810 20 30 40, ligne d'écoute et de conseils ouverte depuis 1996, est destinée aux jeunes qui s'interrogent sur leur orientation sexuelle et affective, aux parents et éducateurs désireux d'obtenir des informations sur les questions d'orientation sexuelle. Ligne ouverte les lundis, mercredis et vendredis de 14h à 19h et tous les mardis et jeudis de 17h à 22h.

SIDA INFO SERVICE au 0 800 840 800 répond à toute question sur le SIDA, la prévention, les traitements, ou lorsqu'on a pris un risque. Ouvert sept jours sur sept, 24 h sur 24.

FIL SANTE JEUNES 0 800 235 236 Ligne pour les jeunes, anonyme et gratuite, tous les jours de 8H à minuit.

SOS HOMOPHOBIE met à disposition le 01 48 06 42 41 pour recueillir, informer, écouter et soutenir les personnes victimes d'actes homophobes. À lire, le *Rapport 2001 de l'association* SOS *Homophobie.*

Association des médecins gais : 01 48 05 81 71. Pour parler à un médecin gai.

Centre gay et lesbien 3 rue Keller 75011 Paris 01 43 57 21 47 Le CGL héberge de nombreuses associations en plus de ses activités propres. http://www.cglparis.org

Association CONTACT, Parents, familles et amis de gais et de lesbiennes. Permanences téléphoniques au 01 44 54 04 70 et par email: contact.famille.homo@wanadoo.fr

Association des parents et futurs parents gay et lesbiens, permanences téléphoniques au 01 47 97 69 15 et par email: contact@apgl.asso.fr

MAG Jeunes Gays et Lesbiennes www.mag-paris.org 106 avenue de Montreuil 75011 Paris - 01 43 73 31 63

Amicale Aglaé, enseignants, formateurs et éducateurs gais et lesbiennes – Echanges sur les vécus professionnels et personnels, les pratiques de classe, et des idées quant à des actions éducatives contre l'homophobie. http://amicaleaglae.free.fr Email: amicaleaglae@aol.com Tel : 06 67 84 31 16

HOMO EDU, collectif et site internet sur les questions relatives à l'éducation et homosexualité ; informations, échanges, réflexions, conseils et ressources pédagogiques. http://www.homoedu.com -06 67 84 31 16

LE SEMINAIRE GAI, site de référence sur les études gaies et lesbiennes ; diffusion de l'information sur les études homosexuelles ou lesbiennes de langue francophone ou concernant les pays de la francophonie. http://semgai.free.fr

SOURCES DOCUMENTAIRES

Brochure « *La tolérance, porte ouverte sur la paix* », UNESCO.

Brochure « *Moi raciste ?!* », Commission Européenne, Communautés européennes, 1998.

Sites Internet étrangers sur le sujet de l'éducation et de l'homosexualité :
http://www.glsen.org,
http://www.lambda-education.ch,
http://glee.oulu.fi

Site Internet français sur les questions relatives à l'éducation et homosexualités :

http://www.homoedu.com   Tel : 06 67 84 31 16

Site de l'association SOS Homophobie :

http://www.sos-homophobie.org

« It's elementary, parler de l'homosexualité à l'école », un film documentaire de Debra Chasnoff et Helen Cohen. Version originale sous titrée en français par lambda éducation.

Le Manifeste d'Aglaé, mars 1999, amicale gay et lesbienne des enseignants, Paris. État des lieux, réflexions & propositions éducatives pour le respect des homosexuels et de l'homosexualité... (http://amicaleaglae.free.fr)

Repères pour l'éducation à la sexualité et à la vie, Ministère de l'Education Nationale, Direction de l'Enseignement scolaire, Septembre 2000.
(http://www.eduscol.education.fr)

Circulaire n°98-234 du 19 novembre 1998 : « *Santé scolaire, Éducation à la sexualité et prévention du SIDA* », parue au Bulletin Officiel de l'Education Nationale n°46 du 10 décembre 1998.

À l'école, au collège et au lycée : de la mixité à l'égalité, Note du 24-10-2000 MEN – DESCO, parue au Bulletin Officiel du ministère de l'Education Nationale et du ministère de la Recherche – HS n°10 du 2 novembre 2000.

Circulaire n°2001-245 du 21-11-2001 *Enseignements élémentaire et secondaire – prévention : journée mondiale de lutte contre le SIDA : 1er décembre 2001*, parue au Bulletin Officiel du ministère de l'Education Nationale et du ministère de la Recherche n°44 du 29 novembre 2001.

Le questionnaire de l'hétérosexualité, A qui avez-vous avoué votre hétérosexualité?

En ligne sur le site internet de Lambda Education:
http://www.lambda-education.ch/Ressources/Homophobie/questionnaire.htm

Brochure *Notre enfant est homosexuel*, Association Contact, Parents, familles et amis de gais et de lesbiennes, 1998.

TABLE DES MATIERES

PREFACE 9
AVANT-PROPOS 15
DIS PAPA, C'EST QUOI L'HOMOPHOBIE ? 31
   SCENE 1 – LA QUESTION INOPPORTUNE 39
   SCENE 2 – MON PAPA EMBRASSE HERVE 53
   SCENE 3 – LES HOMMES PEUVENT-ILS AVOIR DES
      ENFANTS ? 65
   SCENE 4 – FILS DE PEDE 73
   SCENE 5 – PARCE QUE LA TERRE EST RONDE 85
ANNEXES POUR ALLER PLUS LOIN DANS NOS
CONVERSATIONS 103
   1 – POUR LES EDUCATEURS (FAMILLES ET ENSEIGNANTS),
      QUELQUES MOYENS CONCRETS POUR COMBATTRE
      L'HOMOPHOBIE 105
   2 – QUELQUES ATTITUDES HETEROSEXISTES OU HOMO-
      PHOBES A EVITER 109
   3 – POUR LES EDUCATEURS, CE QU'IL FAUT FAIRE OU
      NE PAS FAIRE DANS SA CLASSE 113
   4 – COMMENT REAGIR LORSQU'UN ELEVE TRAITE UN
      AUTRE ELEVE DE PEDE 125
   5 – LORSQU'UNE CLASSE N'A QUE LE MOT HOMOSEXUEL
      A LA BOUCHE, QUE FAIRE ? 129

6 – QUELQUES PISTES DE TRAVAIL DANS LES ECOLES SUR LES QUESTIONS HOMOPHOBES ET HOMOSEXUELLES 131
7 – UNE LEÇON-TYPE POUR LE SECONDAIRE 137
8 – SEQUENCES SUR LA NOTION DE STEREOTYPE ET D'HOMOPHOBIE 151
9 – UNE LEÇON DE VIE : DIFFERENCE ET TOLERANCE, RESPECT 157
10 – UNE DEMARCHE-TYPE D'ACTIVITE AUTOUR DE LA SAINT-VALENTIN... 159

GLOSSAIRE 171

BIBLIOGRAPHIE 177

FILMOGRAPHIE 181

NUMEROS DE TELEPHONE, SITES INTERNET .. 187

SOURCES DOCUMENTAIRES 189

635686 - Décembre 2015
Achevé d'imprimer par